もっと！
世界は
ほしいモノに
あふれてる
2

～バイヤーが教える極上の旅～

監修・協力：**NHK**「世界はほしいモノにあふれてる」制作班

KADOKAWA

はじめに

旅は仕事、旅は出会い、旅は発見、旅は
冒険、旅はロマン、旅は人生。
「せかほし本」第2弾では、仕事旅のプ
ロフェッショナル6人が「もっと！ほしい
モノ」を探しに世界を巡ります。

郷土菓子、ボタン、食器、宝石、ワイン、
メガネ……発掘した日本未上陸のたく
さんの「宝物」。その素敵な「宝物」を
たくさんの人に使ってもらうことまで
が、彼らの旅なのです。

CONTENTS

平井千里馬さんと行く
フィンランド
お気に入りの北欧食器を探す旅｜**54**

CONTENTS

林 周作さんと行く

イギリス
そこにしかない郷土菓子
を探す旅

郷土菓子採集をしながら自転車でユーラシア大陸を横断したという旅する菓子職人、林周作さん。食べた郷土菓子は500種以上、訪れた国は50カ国以上。「郷土菓子は存在自体が面白い」と「旅=フィールドワーク」と位置付ける。今回は、林さんが未上陸だったお茶とお菓子の国、イギリスへ。

そこにしかない郷土菓子を探す

郷土菓子は存在自体が面白い

　"まだ誰もやっていないことをやってみたい"と、19歳の時に「郷土菓子研究社」というブランドを自ら立ち上げ、運営している菓子職人の林周作さん。世界中を旅しながら、その土地ならではのおいしい郷土菓子を探し出し、その味を再現。東京・渋谷にある自身のカフェBinowa Cafe（ビノワ・カフェ）で提供している。

　はじまりは2012年。自転車でユーラシア大陸を横断しながら、日本では味わえないお菓子を探し求めた。以来、訪れた国は50カ国以上。味わったお菓子は、実に500種類を超える。旅先から日本向けに発行したフリーペーパーは、帰国後、3冊の本になった。

　「郷土菓子は、新しい世界なんです。『こんな形してるんだ』とか『こんなものを詰めるんだ』とか、存在自体が面白い」

　そう目を輝かせる林さんの今回の旅先は、イギリス。言わずと知れた郷土菓子大国だ。

　「食文化を学ぶためフランスに1年ほど住んでいたことがあるのですが、その当時はイギリスって、食に関してあまりいい話を聞いたことがなくて、期待できないかな？　と思って足をのばさなかったんです。でもよく考えたらお菓子に関してはクリームティー（紅茶とスコーンにクロテッドクリーム、ジャムを添えて楽しむ）の文化もあるし、面白いかもしれない、そろそろ行ってみたいなという気持ちになりました」

　旅の相棒は現地で借りた自転車一台。「自転車で回ると、街の外れとか地元の人が通うお店にたどり着けたりする。ネットの情報だけでは見えないものもあるんです。フィールドワークするしかないので」

　林さんの旅では、民家の扉を叩き、「地域のお菓子を研究している日本人です」と事情を説明し泊めてもらう交渉を幾度となく重ねてきた。英語が通じない国ではその国の言葉で書かれた説明文をスケッチブックに用意し、見せて訪ねていく。断られたら、次の家へ。そうやって労を惜しまず育んだ人々とのふれあいが、思いがけないお菓子との出会いをもたらしてくれたことも。未知なる出会いの予感に満ちた、おいしい旅が始まる。

ダンディー Dundee

北海に面したテイ湾の北岸にあるスコットランドの第4の都市。中石器時代から人が住んでいた痕跡があり、中世に自由都市として栄え、19世紀、ジュート産業で急速に発展する。マーマレードが特産品。エディンバラから列車やバスで約1時間30分。

エディンバラ Edinburgh

スコットランドの首都。中世の面影を残すオールドタウンと新古典主義様式のニュータウンで構成され、街そのものが世界遺産。「ハリー・ポッター」シリーズの第1巻が書かれたカフェ、ジ・エレファント・ハウスがある。スコッチウイスキーの聖地であり、スコティッシュパブの本場。日本からの直行便はなく、ロンドンの空港から空路で約1時間30分弱。

ベイクウェル Bakewell

イングランドの真ん中、イギリスで初めて国立公園に指定されたピーク・ディストリクトの中心部にある村。ベイクウェルプディングの発祥の地として知られる。マンチェスターから列車でバクストンへ約1時間、バクストンからバスで約30分。

カーディフ Cardiff

産業革命以降の19世紀に石炭の輸出港として栄えたウェールズの首都。古代ケルト伝説による赤いドラゴンが町のシンボル。ウェルシュケーキは炭鉱の労働者がポケットに入れて空腹を満たしていたとも。ロンドン・パディントン駅から列車で約2時間。

UNITED KINGDOM
イギリス

ダンディー

エディンバラ

ベイクウェル

カーディフ　ロンドン

ELAND

FRANCE

11

ベイクウェルプディング発祥の地で
本場の味を知る

朝飯代わりにベイクウェルプディング

　イギリスの田舎を巡る、お宝の郷土菓子を探す旅。林さんがまず訪れたのは、イングランド中部の町、ベイクウェル。「よく焼けた」ともとれる、おいしそうな響きの名前だが、実際にこの小さな街は、郷土菓子「ベイクウェルプディング」発祥の地としてイギリス中に知られている。

　時刻は朝10時。地元客が多いと評判の店、Bakewell Tart Shop（ベイクウェル・タルト・ショップ）に入ってみる。店内には、手作りケーキがズラリ。お菓子のために朝食抜きでお腹を空かせてきた林さん。さっそく「朝飯代わりに」と、ベイクウェルプディングをオーダーする。

　少しして現れたのは、ボリューム満点の一皿。ヴィクトリア朝時代の1860年代に誕生したと言われる、温かいプディング（プディングはお菓子の総称）だ。パイ生地にジャムとアーモンドペーストを詰めて焼き上げ、熱々のカスタードソースをたっぷりかけてある。林さんはじっくりと味わいながら、日本に帰ってから試作できるよう、舌に味を覚えさせていく。

　「その発想はなかったっていう組み合わせ。カスタードソースとアーモンドのパイ。あと、オレンジの皮がカスタードに入っていて、それで爽やかになっている。これ、衝撃です。すごいな」

燃えるように甘い

　食べ終えると、すぐ別のベイクウェルプディングの店へ。時間の許す限りいろいろな店で同じ郷土菓子を食べる。

Bakewell Tart Shop

オレンジの皮が入ったカスタード

こちらはベイクウェルタルト

「同じ菓子でも同じ町でも、いろんな幅があるので、食べ続けるといろいろ見えてきます」

2軒目に訪れたのは、1865年に創業した老舗、The Old Original Bakewell Pudding Shop（ジ・オールド・オリジナル・ベイクウェルプディング・ショップ）。150年前のレシピを今も守り続けているというこの店では、温かいカスタードソースが別添えのポットで登場した。林さんがプディングの大きさに驚いていると、店員さんがこのお菓子の誕生の秘密を教えてくれた。

「ベイクウェルプディングは、実は失敗から生まれたんです。料理人はジャムタルトを作ろうとして入れるはずの材料を忘れてしまいました。慌てて卵やアーモンド、バターをのせて焼いたのがこのお菓子の始まりだと言われています」

カスタードソースはたっぷりかけるのがイギリス流。150年間変わらない、そのお味は……。

「燃えるように甘い……。カスタード自体はすごくあっさりしている。そこはさっき

の店と同じ。そういうものなのかな」

甘さに抵抗を感じているのかと思いきや、林さんは手を止めない。

「これ全部食べられそう。最初、すごい甘くって、イギリス人にやられたなって思っていたけれど、どんどん進む。もしかすると……何かを超えたかもしれない」

食べ続けることで見えてくる

この2軒を手始めに、林さんは結局、手当りしだいに1日計4軒のお店でベイクウェルプディングを食べ比べた。

「最初は『あれ?』と思うものでも、食べ続けると『あ! 来た!!』みたいな瞬間があるんです。正直言って、旅で出会うお菓子はおいしいと思えないモノが多い。その土地の人が食べてきた好みも絶対、あるので。でも食べ続けていくと何かを超えるときがある。食べ続けないと、そこにたどり着けないんですよ」

帰国後に自分が納得できる味を作るため、同じ品で何軒もハシゴするのは、林さんにとって大事なステップなのだ。

燃えるような甘さを和らげるカスタード

2階のカフェの内装もかわいい

The Old Original Bakewell Pudding Shop

Mission 2

ウェールズならではの郷土菓子
ウェルシュケーキを探せ

市場で出会う郷土菓子

次に林さんが向かったのは、ウェールズの街、カーディフ。ウェールズは今も独自の文化や言葉が残る地域。この街で人々の暮らしに根ざした郷土菓子を探す。

朝から街の一角で開かれていた青空マーケット、Roath Market（ロース・マーケット）をリサーチ。並んでいるのは新鮮な野菜や地ビールに、チーズ。どれも地元のものばかりだ。中でもひときわ賑わう露店で、林さんがお菓子らしきものを見つけた。その正体は、ウェールズを代表する郷土菓子、ウェルシュケーキ。その場で焼きたてを試食させてもらう。

クッキーのような見た目で、粉糖がふりかけられた焼き菓子は、素朴だが、奥行きある味わい。「Good！」と言う林さんに、店主のチェリ・スタドンさんは「Lovely（よかった）！」と笑顔で返す。

チェリさんによると、ウェルシュケーキは子供のころいつも食べていた品だという。

「お昼のお弁当にも入っていたし、子供時代を思い出すものだわ」

レシピを尋ねると、横でおそろいのエプロンを着けたチェリさんの息子、マイルズさんが答えてくれた。

「おばあちゃんのレシピにヒントを得て作っているけれど、ぼくのレシピは教えられないよ。でも、おばあちゃんなら、喜んで作り方を教えてくれると思うよ」

ベッティさんのウェルシュケーキ

代々受け継がれているレシピを教わる、またとない機会。林さんは嬉々として、マイルズさんの案内でお家に伺うことに。出迎えてくれたのは、おばあちゃんのベッティさんだ。陽当たりのよいテラスで、ベッティさんから話を聞く。やはり、ベッティさんも子供のころからこのお菓子を食べていた、と語りだした。

「母も祖母も作ってくれました。私はラードとバターを半々で作ります。昔は今ほど砂糖を入れなかったし、ウェルシュケーキの上に粉糖をかけたりもしなかったのよ。私たちは戦時中に育ったから、砂糖もそんなになくて、甘いものはとても貴重だったの」

ベッティさんが子供のころ、イギリスは第二次世界大戦の最中だった。食料が配給制になる中、砂糖は貴重品。それでも人々はウェルシュケーキを家で作り、暮らしていたと言う。

「ウェルシュケーキはウェールズそのものなのよ。みんな大好き。ちょっと甘いから、元気が出る食べものだったの。今でも子供たちが帰省すると、母親はウェルシュケーキをたくさん作って持たせてあげるの。みんな恋しがっているからね」

そう目を細めるベッティさんに、林さんも「ウェルシュケーキはこの街を思い出すお菓子なんですね」と、郷土とお菓子の結びつきを実感した様子。林さん、また一つ、ここでしか出会えない郷土菓子を見つけた。

青空マーケットで郷土菓子に出会うことは多い

チェリさんと息子のマイルズさん

右端がベッティさん

中にはスペイン産のカランツ、スペイン産サルタナ、セビリア産のマーマレードが

時間が止まったような昔ながらの店内

こちらもダンディーケーキ。アーモンドのトッピングが目印

Mission 3

港町・ダンディーで
ダンディーケーキはなぜ生まれたのか

ダンディーでマーマレードが生まれた理由

　イギリス郷土菓子の旅は北へと続き、スコットランドの地に到着。北海に面し、古くから港町として栄えたダンディーを訪ねた。ここは、ある有名なモノの発祥地として知られている——マーマレードだ。なぜ、オレンジの産地でもないこの街でマーマレードが生まれたのか? それには、こんな歴史物語がある。

　18世紀、ダンディーはヨーロッパの交易拠点だった。ある日、スペインの商船が嵐のためダンディー港に漂着する。積んでいた大量のセビリア産オレンジは傷み始めていた。ダンディーで食料品店を営む男性が見かねてすべて買い取ったが、セビリア産のオレンジは苦みが強く、そのままでは食べられない。そこで男性の妻が、砂糖を足して煮詰めることを思いつき、おいしいマーマレードが誕生したと伝えられている。

　林さんはこの街に、そのマーマレードを使った郷土菓子を探しに来たのだ。地元の人にすすめられたのが、街で一番の老舗、1919年創業の Fisher & Donaldson（フィッシャー&ドナルドソン）。タルトやドーナツなど、色とりどりのスイーツが並ぶ中、頼んだのはダンディーケーキだ。

昔ながらの味、飾らない日常

　ダンディーケーキとは、19世紀中ごろに誕生し、現在も地元ではクリスマスによく食べられるという人気の郷土菓子。生地にはマーマレードが練り込まれ、カランツ、サルタナなどスペイン産のドライフルーツ、そしてアーモンドがトッピングされている。北国のスコットランドにいながら、暖かなスペインの陽光に包まれたかのような懐かしい味。この味には、街の歴史が詰まっているのだ。

　「すごい、昔ながらの味がします。100年前から時が止まっているような感覚になりました」と林さん。ふと顔を上げると、地元の人々が絶え間なくお店を出入りしているのが見える。

　「気取っていないお店の雰囲気とか、レトロな制服とか。入った時点から、何か始まっている感じ」

　飾らない北の港町にもたらされた、南国からのラブレターのような郷土菓子は、今もこの街で愛されている。

郷土菓子を求めて自転車で駆け巡る

スコットランドのパブでクラナカンを探す

パブのメニューにあるクラナカン

イギリス北部のスコットランドは、街を離れると荒涼とした景色が続く。気候は厳しく、土地は痩せている。そんな厳しい環境でも育つ、大麦やオーツ麦は大切な恵み。なかでも、大麦から作られるスコッチウイスキーは世界的にも有名だ。そんなスコットランドでしか生まれない郷土菓子がある。

林さんが訪れたのは、スコットランドの中心地、古都・エディンバラ。1896年創業の老舗パブ、The Barony Bar（ザ・バロニー・バー）の扉を開く。スイーツとは縁が薄そうだが——。

「ここには、とあるプディングを狙ってやってきました。超カッコいいですね。こんなお酒を飲むところでお菓子出すって、いいですね。日本にはなかなかなさそうです」と頬を上気させる林さん。確かに、カウンターやマントルピースがシックなブラウンで統一され、大人のバーといった風情だ。お目当てのプディングとは、クラナカンという郷土菓子のこと。

「スコットランド人は“クラナッカン”とまるで咳をするように発音するんです」と、気さくな店員さんがテーブルに届けてくれたのは、クリームと麦、ベリーが何層にも重なってグラスに閉じ込められた、パフェのようなスイーツ。林さん、その彩りに思わず「かわいい」と声を上げる。さっそく食べてみると、スコッチウイスキーの味を

しっかり感じる。

「おいしいです。生クリームも、ただの生クリームじゃないような気がするんですけれど……」

スコットランドそのものが詰まった郷土菓子

レシピが気になった林さんが頼み込むと、運よくシェフに直接話を聞けることに。

「クリームに、スコットランドのクラウディという柔らかいチーズを混ぜるという伝統的な作り方です。中のオーツ麦は焼くだけで、調味料やスパイスは使いません。あと、重要なのはラズベリー。スコットランドの代表的なデザートです。ウイスキーは最後に加えます。クリームとチーズを混ぜ合わせ、その表面全体に注ぎ、かき混ぜます」

ラズベリー、オーツ麦、そしてウイスキー。すべてスコットランドの大地から生まれた純粋な郷土菓子だ。クリームのコクの秘密がチーズにあるとわかった林さんは、メモを見返しながら納得の表情を見せる。

「クリームにウイスキーも入れているって。なるほど、いろいろ理解しました」

スコットランドの特産品づくしというキャッチーさのわりには、日本ではまだあまり知られていない郷土菓子クラナカン。「これは、自分的には大満足」と笑う林さんの目には早くも、帰国後試作に励む自分の姿が見えているようだった。

いい雰囲気の店内

気さくにレシピを公開してくれたシェフ

個性的でチャーミングなお店の人

ラズベリー、オーツ麦、ウイスキー。
まさにスコットランドの大地から生まれた郷土菓子

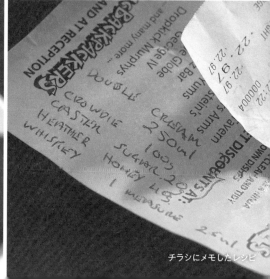

チラシにメモしたレシピ

記憶に残ったイギリス郷土菓子を紹介

林さんにとって初めてのイギリスとなったこの旅では、約2週間で40種類ほどの郷土菓子と出会った。

「紳士の国、イギリスでは質素にすることがカッコいいという考え方があるようです。だからか、お菓子もフランスなどに比べて質素なものが多いんじゃないか……と思っていましたけれど、行ってみたら全然そんなことはなかったです」

見た目も味も、存在感抜群で印象に残った品ばかりだ。

①ロンドンのパブロヴァ

「パブロヴァは、オーストラリアやニュージーランド、バルト三国など各地で食べられているお菓子。周りはサクッと、中はトロッとしたメレンゲ、という組み合わせが、自分の中でとても新しく感じました」

②ヨークのファットラスカル

「ヨークの老舗カフェBettys（ベティーズ）のスペシャリティ、ファットラスカル（太ったいたずら小僧）。スコーンに似た生地に、スパイスやドライフルーツをたっぷり使い、顔みたいな外見になっています。味もよかったですが、このお店は白髪の女性店員がはつらつと接客していて、地元の人に愛されている感じも、内装も最高でした」

③バースのバースバンズ

「トーストされた大きなパンに、クロテッドクリームを自分で塗って食べたバースバンズは、ぼくにとってイギリスで初めて食べたクロテッドクリーム。感動するおいしさでした。現地の人たちにならい、イギリス流にたっぷり塗って。シンプルだけど、おいしくて大満足」

④ロス・オン・ワイのレモンドリズル

「ロス・オン・ワイの小さなお菓子屋さんで食べたレモンドリズルは、レモンが強いチーズケーキみたいな味。『チーズを使ってるの？』と聞いたら、バターも使わず、マーガリンで焼いているとのこと。たしかに、チーズみたいな匂いがするマーガリンってあるんですよね。そこが面白かった。自分で再現するときも、なるべく近い味のマーガリンを使っています」

⑤ロンドンのスティッキートフィープディング

「ロンドンの雰囲気のあるパブで出会いました。お昼からみんなビール飲んでいて、スポーツ中継を見ていましたね。生地の味は少し苦みを感じる複雑な味で、甘さ控えめ。バニラアイスがのっていて、上からかける温かいキャラメルバタースコッチのソースはしっかり甘くて、その組み合わせがおいしかった」

①パブロヴァ

②ファットラスカル

③バースバンズ

④レモンドリズル

Traditional Sweet Shop

BENSON'S

Bon Bons • Midget Gems • Cherry Lips

BAGUETTES
CREAM CHEESE &
SMOKED SALMON

⑤スティッキートフィープディング

世界の家庭で習った郷土菓子
中東・ヨーロッパ編

　2012年から、林さんは世界中で愛される郷土菓子をハントしてきた。人とのふれあいの中で、直接レシピを教えてもらったお菓子は数知れず。とくに思い出深い絶品を10皿選んでもらった。

ことに感動しました。それだけ国への愛が強いんだな、ぼくももっと日本のお菓子も知らないとな、と思いました。セモリナ粉はイタリア産などの粉とは異なる味で、じっくり炒めるのがコツだそうです」

①トルコ、ガジアンテップのイルミク・ヘルヴァス

　「トルコで泊めてくれた20代の青年が作ってくれた郷土菓子。バニラとシナモンを効かせたセモリナ粉を炒めて作るお菓子なんですが、彼のように若い男の子が「ちょうど材料があるから」と、何も見ずに、そこにあったマグカップなんかで計量して、郷土のお菓子をササッと作れる

②フランス、ラモット・ブーヴロンのタルトタタン

　「タタン姉妹が経営するホテルのカフェで生まれたという、日本でも知られたリンゴのお菓子。その現地に赴いて『タルトタタン協会』なる人たちから作り方を教わりました。その協会の会合にも参加したんですが、入会の儀式があったり、社交ダンスをしたりして、楽しい経験でした」

①イルミク・ヘルヴァス

③チュルチヘラ

②タルトタタン

③ジョージア、トビリシのチュルチヘラ

「太古の昔からワインを造っているジョージアは、ブドウの名産地。ヨーロッパとは異なる独特の味がするブドウは、さまざまなお菓子にもなっています。これはヘーゼルナッツやクルミを針と糸でつないで、ブドウジュースを煮詰めたゼリーに何度もくぐらせて作る郷土菓子。泊まった家の人の実家に連れていってもらい、お母さんに教わりました。グミっぽい食感で、市場などでもよく吊られた状態で見かけました」

④トルコ、イズミルのアシュレ

「トルコでは毎年アシュラの日（イスラム暦で初月10日）に、穀物や豆類、スパイスなど41種の材料を使って作る、お汁粉みたいなこのお菓子を近所の人に配る習慣があるそうです。そのことを事前に調べていたので、出しているお店を見つけては『41種類使っていますか？』と聞いて回ったんですが、どこも全然使っていない。泊まらせてもらった家の人に『41種類ちゃんと使ったのを食べてみたい』と言ったら、なんとその人の友達が作ってくれることに。穀物を一晩水に漬ける作業が必要らしいので、もう1泊しました。ちゃんと41種類そろえてくれて作っていたら、どこから嗅ぎつけたのか、近所の人たちがお皿を持って集まってきちゃいました」

⑤トルコのラズビョレイ

「薄いパイ生地の中にピスタチオなどのナッツを入れて焼いてシロップにつける、中東を代表するお菓子・バクラヴァの派生形みたいなラズビョレイ。同じく焼いた後にシロップに浸すのですが、こっちはミルクのペーストが挟まっていて、ミルクシロップをかけるバージョンもあるみたい。これも泊まらせてもらった家で教えてもらえました。ホント、宿泊先には恵まれていましたね」

④アシュレ

⑤ラズビョレイ

世界の家庭で習った郷土菓子
中央アジア・東南アジア編

⑥ウズベキスタン、ブハラのホルヴァイタル

「中央アジアのウズベキスタンで、泊まらせてくれた家の女性が作ってくれたお菓子。ウズベキスタン産の植物油を鍋にたっぷり注いで、そこにお砂糖をガーッと入れるという、見たこともない製法で、面くらいました。砂糖が溶けるまで油でクタクタ炊いて、小麦粉を入れて、また炊いて……で終わり。茶色いペースト状になったものを、パンにつけて食べるんです。甘い油、といった感じの味で。中央アジアってスーパーマーケットよりも市場中心の町が多いし、人と人の繋がりもあって、古き良き文化が残っているんですよね。そんな国ならではの、本当に素朴な味で新鮮でした」

⑦キルギス、カラコルのチャクチャク

「ウズベキスタンでトラブルになり、急遽ビザがなくても行けるキルギスに立ち寄ることにしました。到着後、自転車の預け場所に困って空港をウロウロしていたら、チェックインカウンターの男性が「家で預かってあげるよ」と言ってくれたんです。彼と一緒に帰ると、奥さんと1歳にもならない赤ちゃんとで、ワンルームに住んでいて、そこで1週間 "川の字" に寝てお世話になりました。そのお家で教わったお菓子がチャクチャク。小麦粉の生地を小さく切って揚げて、ハチミツで固めたおこしのようなお菓子です」

⑧キルギス、ナルンのムラヴニク

「チャクチャクを作ってくれた夫婦とは仲良くなって、ぼくが餃子を作ったり、

⑥ホルヴァイタル

⑦チャクチャク

奥さんの実家のあるナルンに連れていってもらったり。そこでは歓待を受け、ぼくのために羊を1頭使って、最上級のおもてなしをしてくれたんです。その際に、挽肉器でクッキー生地を挽いて焼くお菓子、ムラヴィニクも教わりました。最後に練乳で和えて固めるんですが、中央アジア版おこしみたいな味で、優しいミルクの甘さがクセになりました。中国にもおこしがあるので、そこから広がったのだと思います。ナルンには結局さらに2週間滞在することに。始まりはハプニングで訪れた国でしたが、放牧地でゲルも見せてもらったり、とてもいい体験ができました」

⑨インドネシア、メダンのクレポン
「白玉団子のような、インドネシアの餅菓子。中にジャグリーという未精製の茶色い砂糖が入って、それを茹でて作ります。周りはココナッツがまぶしてあって、作りたてを食べると中の砂糖が溶けてちょっとトロッとする感じです。これは現地で知り合った人に教わりました」

⑩ベトナム、ホーチミンのチュオイヌオン
「ベトナムで泊まらせてもらったお家の姉妹が作ってくれた温かいお菓子。バナナを餅米でくるみ、その周りにバナナの葉っぱを巻いて、バーベキューみたいに炭火焼き。中を開いて、ココナッツクリームとゴマをかけていただきます。もち米にバナナの葉の芳ばしい香りが移っていて、熱々で、甘くておいしかったです」

⑧ムラヴィニク

⑩チュオイヌオン

自分でパンを焼いてお弁当にしていた高校時代

小さいころから料理好きでした

　生まれ育ったのは、京都府宇治市です。京都の人は味にうるさいイメージがあるかもしれませんが、そんな人ばかりじゃありませんよ。でも、結局ぼくは食に来たので、うるさいほうなのかもしれません。

　食の道に進んだキッカケははっきり覚えてはいないのですが、小学3年生くらいの小さなころから家で卵を焼いたり、チャーハンやカレーを作ったりするのが好きでした。両親は料理関係の仕事ではないのですが働きに出ていたので、学校から帰ると、自分で何か作っていました。小麦粉と水を練って焼けば何かおいしいものができる、と思って何も見ずにやったら、めちゃくちゃマズくて得体の知れないモノになって、きっと怒られるからと、こっそり捨てたのを覚えています。

朝3時に起きてパンを焼いて

　高校に進むと、母がお弁当を作ってくれていたのですが、お弁当というものに疑問を感じていました。もともとおいしかったものが、冷めてカチカチになってしまうのが悲しくて。そこで、インターネットで作り方を検索して、自分でパンを焼き始めたんです。毎朝3時くらいに起きて、どでかいロールパンとか、クロワッサンとか、毎日違う種類のパンをオーブンで焼いて、教室でちまちま食べていました。ちょっと変わった高校生だったでしょうね。

誰も知らないことをやってみたくて

　将来の夢は、小学校の時は関西でよくあるお好み焼き屋さん、中学の時は和食がカッコいいなと思い、高校卒業時にはイタリアンをやりたいな、というのが文集に残っています。

　高校卒業後、大阪で料理の専門学校に1年間通って、京都のイタリアンレストランに就職。そこは創作系で客単価数万円もする洗練されたお店だったんですが、3カ月で退職しました。「誰も知らないことをやりたい」と思ったのがきっかけ。自分なりに考えたところ、世界の郷土菓子っていうのはまだ誰もやっていないな、と。専門学校のころに読んだヨーロッパの食文化の本には、ぼくがまったく知らない面白いお菓子がたくさん載っていたのに、京都や大阪にはそれが全然ないのはもったいない。それが、「郷土菓子研究社」の始まりです。そうなったら、まずは実際に現地に行ってみたいな、と思うようになりました。

24歳の時に自転車でユーラシア大陸横断

100万円貯めてヨーロッパへ

手始めに、食関係から力仕事まで、さまざまなアルバイトを半年間かけもちしてかき集めた100万円を資金に、21歳の時にヨーロッパの食文化を学ぶため3カ月の旅に出ました。使い放題のレイルパスを駆使して、郷土菓子を食べられるだけ食べる旅。13カ国を制覇しました。いちばん感動したのはフランスのリヨンで見つけたクッサン・ド・リヨンというお菓子。中にチョコが入ったアーモンドペーストを、糖衣がけしたものです。帰国後は東京でまずこれを作って、出店イベントなどで販売しました。

ワーキングホリデーで今度はフランスへ

翌2011年の夏、22歳の時に、ワーキングホリデー制度を使ってフランスに1年間滞在することにしました。秋はブドウ収穫の季節なのでブドウ農園を手伝って、クリスマスからバレンタインにはお菓子屋で働いて、その後はチーズ農場みたいなところに行けたらフランスの食文化を満喫できていいな、くらいの計画でした。

フランス語はダメ、英語もそんなに上手じゃないので苦戦しましたが、北西部のアンジェという町のブドウ農園でなんとか働くことができました。次の計画であるお菓子屋さんは、クリスマス文化が盛り上がるドイツ寄りのアルザス地方がいいと決めて、アンジェからアルザスまで、自転車で行くことに。途中、サロン・デュ・ショコラ（チョコレートの祭典）を開催中のパリにも寄って、700km弱くらいの距離。道々にお菓子を探しながら…っていう自転車旅は、ここから始まっているんです。

自転車旅には自信がありました

実は、自転車は小学生のころから京都や大阪への往復に使ったり、高校卒業時の休みに東京に遊びに行った後、中古で買ったママチャリに乗って帰ってきたりと、自分の中でも自信があって。かなりの長距離でも、交通手段というと自転車が浮かぶんです。すぐにアンジェでレンタサイクルして、ホテルには1度も泊まらず、一軒ずつドアを叩いて「泊まらせてもらえませんか?」と交渉する民泊スタイルでアルザスを目指しました。日本人って安心感があるのか、ぼくの必死な表情がそうさせるのか、優しく迎え入れ

てくれた人は大勢いました。

アルザスのお菓子屋さんで働いて

アルザスでもどうにかお菓子屋さんで働けることになりましたが、バレンタインまでの4カ月ではなく、ビザが切れるまでの半年以上という条件つき。仕方なく次の夢だったチーズ農場はあきらめてそのお店で働くのですが、忙しくて郷土菓子を調べる余裕がなく、物足りなかった。だったらと、ビザが切れる2012年の6月にお店を辞めた後、今度は自転車を買って、日本まで各国を回りながらユーラシア大陸を横断しよう、と思いついたんです。これが、一時帰国を挟んで2015年末まで続く壮大な長旅になりました。

自転車は好きなときに停められるし、街乗りにはとても便利。でも都市間の移動は大変でした。ちょっと、大陸の広さをナメてましたね。ベトナムなどは歩行者よりも車優先なので、走行中に危ない目にも何度か遭いましたが、事故らずに帰ってこられたのは幸いでした。

道中では、郷土菓子の写真を撮ってネタを集め、自分のSNSで経過を報告したり、ノートPCでフリーの編集ソフトを使って新聞形式のフリーペーパーを作ったり。新聞は日本にいる知人にデータを印刷してもらって、カフェなどに置いてもらっていました。

デジタルツールは好きなタイプですし、時間だけはけっこうあったので、そういった発信作業は苦ではなかったのです。ただ、お金が……1日3ユーロ(約300円・2012年当時)ぐらいしか使えない。一度、カメラ、PC、スマホ一式を盗まれてしまい、なけなしのお金で買い直した影響もありました。結局半年ぐらいで資金が底を突いてしまったので、SNSでスポンサーを募集することに。1口2,000円にして、賛同してくれた人とすべて個別にやりとりして、資金も60万円ぐらいになり、ようやく旅が再開できるようになったときはうれしかったです。

世界一周のフィールドワークに行きたい

Binowa Cafeとフィールドワーク

2015年の帰国後は、知人のツテで都内の高円寺に期間限定で小さなお店を出したら、2カ月の間にテレビに取り上げられたり、とんでもない行列ができたりして驚きました。それを見た知人にまた声を掛けられ、2016年、渋谷に自分のカフェ、Binowa Cafe を開店する運びに。

舌で採取した味の記憶を元に試作を重ねますが、日本人の味覚に合わせようとは思っていません。本当においしい、これはお店で出したい、と思えるモノは、実はほんの1割程度なので、おいしいと思えた時点で、変える必要はないってことなんですよね。

現地でレシピを聞いたり、本を買ったりして帰国後試作してみますが、ミルクやバターなどの乳製品や粉が現地と日本では異なるので、即同じ味、というようには絶対なりません。なので、自分がおいしかったと思うポイント、食感や、酸味・甘みのバランスなどを思い出しながら、そこにたどり着けるように、少しずつ調整していく作業です。

開店当初からカフェは順調でしたが、2020年の新型コロナウイルス流行時には、売上が9割減の大ピンチ。渋谷の街中に人がいない状態になりましたから。それでも通信販売に力を入れて、その受注分を作るためにもぼく自身は毎日出勤し、お店を開けていました。たまに1組ぐらい、迷い込んできたようなお客さまに対応したりして。そうしたら、秋を迎えるころには売上も戻ってきました。

次の夢は、今より大きいスペースで、世界100種類のお菓子が一堂に会するお店を作りたいな、ということ。あとは、子供たちが

世界のことに興味を持つキッカケになるようなカフェをやってみたい、ということ。最近の若い人は海外に興味がないって聞くじゃないですか。留学する人も減っているって、もったいないなと思います。

世界一周周遊航空券を使ってみたい

それとは別に、引きつづき旅には出ていきたいですね。これまでも年に3、4回は出ていたのですが、次は世界一周をしてみたい! 単純に、「世界一周周遊航空券」を使ってみたいんです。

海外でぼくみたいな旅をしたいなら、何かを教えてもらう代わりに、何かお返しできるモノがあるといいですね。ぼくの場合は料理とか、素人ですが和菓子とか。折り紙を折れるだけでもいい。何か武器があったほうが、海外では絶対有利だと思います。

ぼくは「誰もやっていないことを!」と考えてこの道を選びましたが、もともとあったことでも、何に関しても、続けることがいちばん大事なことなんじゃないかと思います。あとは、それを好きでいること。それはいちばんの原動力ですよね。

バイヤー旅についての10の質問

❶ 初めて仕事で行ったのはいくつの時、どこでしたか？

買いつけに行くわけではないので「仕事」と呼んでいいのかわからないのですが2010年21歳の時に3カ月、フランスやイタリアなどヨーロッパ各地を郷土菓子を調べるために回ったのが初めての旅でした。

❷ 仕事では年にどのくらいの頻度でどんなところに行きますか？

頻度はバラバラですが、2019年は6大州のお菓子を制覇するという目標だったので11カ国23都市を回りました。

❸ 旅に必ず持っていくものは何ですか？

胃腸薬・記録用のノート・カメラ・PC・携帯・パスポート。今から旅に出ろと言われてもこれがあればすぐ出発できます。

❹ 準備で欠かせないことは何ですか？

とくになし。強いて言えば、行く国に対して知識を入れすぎないこと。

❺ 現地に着いて一番最初にすることは何ですか？

SIMカードの購入。街の散策。市場やスーパーの製菓コーナーや乳製品、お菓子屋のショーケースチェック。

❻ もっとも過酷だった旅のエピソードを一つ、教えてください。

インド3カ月の周遊旅。体調不良とずっと闘っていましたが……収穫は多かったです。とにかく甘さがものすごくて、一つ一つのパンチが強かったけど、気になるので食べてしまう……という無限ループでした。大量の蚊に噛まれて高熱が出たことも、31時間電車に揺られて移動したことも、インドのパティシエは床でお菓子を作ることも……すべてが衝撃で刺激的な国だったなと思います。

❼ もっとも幸福だった旅のエピソードを一つ、教えてください。

キルギスで、ある家庭に泊まらせてもらった時。ボルソックという揚げパンに、はちみつとカイマック（乳脂肪を集めたクリーム：クロテッドクリームのようなモノ）を塗って食べるのですが、それが止まらないほどおいしかったです。お客扱いというより、家族のように接してくれてありがたかった記憶があります。

❽ 外国で仕事をするのに大事なことは何ですか？

「郷に行ったら郷に従え」の精神で、すすめられたモノは怪しくても食べるし、飲んでみる。土着のモノに興味を持って、なんでも拒否せず前向きに取り入れてみること。

❾ 今すぐにでも行ってみたいところはどこですか？

行きたいところが多すぎます！
ロシア：旧ソ連圏には足を運んでいるけど、ロシア自体には踏み入れたことがないから。
南米：ペルーのみ行ったことがあるけど、まだまだ掘り出し甲斐がありそう。

❿ 駆け出しのころの自分に言ってあげたいことがありますか？

「興味の赴くままに進め」と言いたいです。続けていれば、見えてくるモノがあります。

林 周作 *Shusaku Hayashi*

1988年、京都府生まれ。2007年、エコール 辻 大阪 フランス・イタリア料理課程を卒業。同年、「郷土菓子研究社」というブランドを立ち上げ、「郷土菓子」のフィールドワークを始める。著書に『THE PASTRY COLLECTION 日本人が知らない世界の郷土菓子をめぐる旅』『世界の郷土菓子 旅して見つけた！ 地方に伝わる素朴なレシピ』など3冊。

写真協力：郷土菓子研究社　　photo：広川智基　　text：magbug

小坂直子さんと行く

パリ・ベツレヘム
"小さな宝物" ボタン
を探す旅

イギリスの蚤の市で運命的に出会ったアンティークのボタンをきっかけに、ボタン専門店「CO-」を立ち上げた小坂直子さん。エスプリのきいたボタンを見つけにパリへ。そして、幻のパールボタンを探しにベツレヘムへと出かける。

"小さな宝物"
ボタンの魅力を伝えたい

**時代の空気をまとうボタンで
ファッションに個性を加える**

　古代から、衣類の留め具としてばかり
でなく、装飾品や護符としても用いられ
てきたボタン。長い歴史の中でさまざま
に変化する、まさに時代を映す鏡だ。

　ボタンバイヤー、小坂直子さんは、
2010年、日本では珍しいヴィンテージ
ボタン専門ショップCO-(コー)を開業。
イギリスを中心にフランス、ドイツ、イタ
リア、アメリカなど欧米各地に眠る、個
性あふれる古いボタンを買いつけて販
売。そのチャーミングなセンスで人気を
呼んでいる。

　子供のころから古いものがとにかく
好きで、24歳の時、会社を辞めてイギリ
スに1年間留学。2002年、30歳の時に
はアンティーク雑貨や古着を扱うウェブ
ショップをスタートさせた。ショップを
開設してすぐ、イギリスへ買いつけに行
き、蚤の市でアンティーク缶を購入。そ
の中に入っていた100年近く前のボタン
と運命的な出会いを果たし、「ボタン屋
さんになる!」と決めた。

　ウェブショップのアンティーク屋から
ボタン専門店、そして、実店舗を東京の
東神田に開いて10年。

　「やはり、手に取って感じてほしかった。
ボタンってこんなに面白いものだったん
だ!って、ワクワクしてほしい」

　探すのは、ファッションに個性を加えて

くれるボタン。年に1、2度、イギリス、
フランス、ドイツ、イタリア、アメリカなど
をほとんど一人で巡る。古いボタンには、
一つ一つに時代の空気が詰まっている。

ボタンをストーリーとともに伝える

　「ボタンを手にすると、その時代の空気
を感じられるだけでなく、使い道を考え
たり、前に身に着けていたのはどんな人
かな? と想像したり。『これは誰かが大
切にしていたボタンに違いない』とか、
いろんなストーリーを自分で考えられま
すよね。それができるのも、古いものな
らではの魅力なんです」

　小坂さんにとってボタンは、「想像力と
創造力を刺激してくれる」何よりの存在。
人の手から手へ大切に譲り渡されたボタ
ンをストーリーとともに伝えていく。

　今回、最初に訪れるのはパリ。旅の定
番となった蚤の市や、コレクターを訪ね
て買いつけをする。お目当ては、エスプ
リのきいた古い時代のボタン。

　「貴族の文化が華やかだったところに、
よいボタンが残っています。中でも、手
仕事に粋をこらしたオートクチュールボ
タンがたくさんあるフランスは、来るた
び本当に楽しいです」

　パリの次は、中東の地・ベツレヘムへ。
ベツレヘムでは、かつて聖地の職人が
手がけていたという幻のボタンを探す。
さて、どんな宝物に出会えるのか。

小さな宝物 ボタン

パリ *Paris*

フランスの首都。パリの蚤の市で代表的なのは、服飾系、ヴィンテージものが多いヴァンヴの蚤の市（Marché aux puces de Vanves）、登録店だけでも2,500もあるクリニャンクールの蚤の市（Marché aux puces de St-Quen）、パリ20区に隣接したローカルなモントルイユの蚤の市（Marché aux puces de Montreuil）など。ボタンパラダイスはパリ7区、ファッション専門の美術館ガリエラ・モード美術館はパリ16区にある。

パリ

FRANCE
フランス

テルアビブ
パレスチナ暫定自治区

ベツレヘム

ISRAEL
イスラエル

ベツレヘム *Bethlehem*

ガザ地区とヨルダン川西岸地区からなるパレスチナ暫定自治区のヨルダン川西岸地区の都市。土地の60%以上がイスラエルの軍事支配下に置かれ、2002年以降、分離壁が作られている。古くから続くブドウ畑、オリーブの木々が歴史の古い小さな村にのぞむ、工芸品が有名な土地。イエス・キリストの生誕地としても知られる。日本からの直行便はなく、テルアビブ経由エルサレムからベツレヘムへ。

蚤の市・デッドストックから
エスプリのきいたボタンを探す

"小粋な演出" が残っているのがフランス

　最初に訪れるのは蚤の市。パリでは、クリニャンクール、ヴァンヴ、モントルイユなどの蚤の市がある。今年はどんなものが出回っているのか、感触をつかんでいく。

　さっそく、蹄鉄と花が組み合わされたガラスのボタンを発見。

「花柄だけならよくあるんですけれど、ここに蹄鉄が入っているボタンはちょっと珍しい。すごくかわいいです。このボタンは旧チェコスロバキアで作られたボタンですね。蚤の市は、どこかに面白いものがあるかもしれないし、ほかのものにたどり着くヒントになる場合もあるので、どこの国でも必ず行きます」

買いつけはテーマを決めて

　蚤の市で15年以上の付き合いになるボタン販売業、エリック・エベールさんを見つけた。エリックさんが扱うのは、デッドストック（倉庫に眠っていた未使用）のボタン。数がそろっていて、新品同様、価格もお手頃だ。

「古いボタンは数がそろいにくいですが、デッドストックのものは1シートにだいたい24個ついています。だから、お洋服にも使えますし、さほど古くないものであれば洗濯も可能です。洗濯機が登場する前のボタンは、基本的には洗濯は避けるべき。でも洗濯機が登場する前の方が、素敵なボタ

ンが作られていますけれどね」

　しかし、小坂さん、ここではまだ買いつけない。エリックさんの自宅の方がもっといいものが見つかるからだ。

　蚤の市でたくさんのボタンに囲まれてイマジネーションを膨らませた後に向かったのは、エリックさんの自宅にある秘密の地下倉庫。デザイナーをはじめ、プロフェッショナル用のボタンがここには用意されている。倉庫を訪ねることの多い小坂さんのバイヤー旅の必需品、懐中電灯を持って階段を降りていく。

　13年前に閉鎖したパリ最大のボタン工場のボタンを丸ごと買い取ったデッドストックが棚にぎっしり積まれている。エリックさんによると、しめて10億個はあるという。

　小坂さんは、春のイベント企画に合わせ「春っぽくてちょっと華やかさが出るようなボタン」を探していた。この日、いちばんときめいたのが手描きの花が春らしさを添えてくれるボタン。その魅力は、職人のひと手間。

「ハンドペイントなので、1個ずつ花の大きさも違っていて、いい感じ。その時々で、ある程度テーマを決めて、それに沿うようなボタンを重点的に探します。まさに宝探し。ワクワクします」

　エリックさんもまた、ボタンに魅せられた一人だ。

「これらのボタンをつけるだけで、なにげない服がとても個性的になる。自分だけのデザインを手に入れることができるんです」

エリックさんの蚤の市での店名は「HE!COLLECTIONS」

ざっくりとしたセーターに合いそう

ハンドペイントの花がいい感じ

エリックさん宅の地下倉庫。10億個のボタンが眠る!

時代の空気を纏った
デザイン性の高いボタンを探す

ヴィンテージボタンは "謎" に満ちている

つづいて向かったのは、世界中のバイヤーが買いつけにくるヴィンテージボタン屋のストックルーム。およそ160年前（日本は江戸末期）から収集されてきたボタンの山から、時代の空気を纏った、デザイン性の高いボタンを探す。100年前に流行したアール・デコなど、パリの文化が花開いた時代のボタンにも出会える。

「ヴィンテージのボタンは、『どういう気持ちで作ったんだろう』『これがついていたのはどんな服なんだろう？』と想像せずにはいられない"謎"に満ちています。デッドストックのボタンの買いつけは、見た目のよさでバンバン選んでいく感じですが、一点物のアンティークやヴィンテージのボタンは一個一個ジュエリーを選ぶような気持ち。トキメキ方が全然違います」

ボタン穴に通りました

チェコ製の帽子用のボタン

ボタンとしての機能性や用途も、瞬時に判断する。

「私はヘンテコなものがわりと好きではあるのですが、実用性も大事なので、一応ボタン穴に通るか試したり。CO- には手編みのカーディガンをお持ちになって、ボタンのご相談に来られる方も多いので、買いつけで『ニットに合いそう！』というボタンを見つけたときは、お客さまが見せてくださった数々のカーディガンを思い浮かべ、頭の中で瞬時にマッチングさせます。まぁこれは、当たることもあれば、外れることもありますけれども（笑）」

パリに来たからには、遊び心のあるものも探したい。奥の奥から掘り出し、買いつけたのは、1930年代に流行したという、一見ボタンとは思えないチェコ製の花型のボタン。帽子用の飾りボタンだ。

「やはりあれだけのボタンに囲まれると、より面白いものや、より素敵なものが出てくるといいなぁって。感性が刺激されて、アイデアがひらめく部分も大いにあります」

小坂さんは自分でもボタンのつけ替えは必ずするという。白いシャツの普通のボタンを1960〜1970年代フランス製のヴィンテージボタンにつけ替えたり、ボタンのないロングカーディガンには大きめのボタンをつけてみたり。

「ボタンを変えるだけで、新しい服を買ったように感じます」

気分も変わり、見違えるほどおしゃれになった。

Mission 3

ボタンの新しい
楽しみ方を見つける

日本にない発想を求めて
デザイナーのアトリエへ

"意表をつくアイテム"は
サンドリンヌさんによく似合う

小さな宝物 ボタン

カフスのようなアクセサリー。
ヴィンテージボタンがあしらわれている

　古いボタンには、服を留めるには数が足りない一点物も多い。パリでは今、そんなボタンの新たな楽しみ方が注目を集めている。ボタンで作ったオリジナルのアクセサリーだ。日本にない発想を求めて訪ねたのは、デザイナーのサンドリンヌ・メトタルさんのアトリエ、Buttons Paradise（ボタンパラダイス）。

　サンドリンヌさんは、ロンドンの劇団「ロイヤル・シェイクスピア・カンパニー」で衣装を担当していたが、ボタンの魅力に惹かれ、2014年に独立。以来、オリジナルのアクセサリーを制作している。

　いきなり、意表をつくアイテムに遭遇する。第二次世界大戦後にフランスで流行った大胆なデザインの髪飾りから着想を得た帽子だ。ファッション性の高い逸品だが、日本人には少々ハードルが高い。次に見つけたのはカラフルな革製のバンドに、ボタンを飾り付けたアクセサリー。身に着けると、気分が一新しそうな小粋な一品だ。

　「すごい！ 急にお出かけ感が出る。ボタンは身に着けちゃうと、自分で見られなかったりするじゃないですか。でもこれだったら、お気に入りのボタンをいつも見ていられる。幸せになれる」

　インターネット上で買いつけることもできるが、実際に手に取って、仕入れる

ことに決めた。

　「貴重なヴィンテージボタンを使っているし、色の組み合わせもパリ感があってすっごくかわいい。仕上げもキレイで、私の中では非の打ちどころのない作品です。なにより、彼女が心から楽しんで作っているのがわかったので」

　「ボタンには無限の表情があって、まるで魔法のようです。モードの時代の新しいアクセサリー。私にとっては、宝石にも劣らない価値のあるものなんです」

　パリと東京。二人の思いは一緒だった。

　「面白い企画を考えて、一緒にやろうね」

　意気投合したサンドリンヌさんとそう約束して、店をあとにした。

39

博物館級のボタンは
"ボタンの神"コレクターに聞く

"ボタンの神" ロイック・アリオさん

パリに来たとき、小坂さんには必ず訪ねる師匠がいる。世界有数のアンティーク・ボタン研究家でボタン蒐集家のロイック・アリオさん。30年間にわたって博物館級のボタンを集めている"ボタンの神"だ。著書の『le bouton au fil du temps』は、2019年、英語訳バージョンも出版され、世界中のボタンコレクターのバイブルになっている。

貴重な博物館級のボタンを愛でながら新たな知識を伝授してくれるロイックさんが今回用意してくれたのは、フランスの国宝に指定されているというボタン。

国宝のボタン、メディアとしてのボタン

「これは特別なボタンです。"王太子の死に際して喪に服するボタン"です」

フランス革命直前、ルイ16世（1754〜1793）の時代のボタン。ある悲しい出来事をきっかけに作られたという。

ルイ16世と、王妃マリー・アントワネット（1755〜1793）の間には、2人の王子と2人の王女が生まれたが、ある日、一家を悲劇が襲った。長男のルイ・ジョセフ（1781〜1789）が7歳にして結核にかかり、命を落としたのだ。白いイルカは、王の跡を継ぐはずだったルイ・ジョセフ。周りには早すぎる死を悼む涙が描かれている。

「悲しい、このボタンを見ていると……」

小坂さんはことばを失った。

ボタンには、かつてはニュースを広めるメディアの役割もあった。ロイックさんが次に見せてくれたのは、フランス革命（1789〜1799）前後のボタン。

多くのパリ市民が投獄されたバスティーユ牢獄を兵士が守る様子や、革命後、市民が牢獄を壊す様子など、当時の出来事がリアルタイムでボタンに描かれていた。

「当時の貴族は重要な出来事があると、それをデザインしたボタンを身に着けました。テレビもインターネットもなかったので、ボタンのついた服を着て、王宮の庭を散歩し会話のきっかけにしたんです」

ロイックさんは国外に流出してしまったフランスのボタンを買い戻しているとも言う。「私のコレクションに値段はつけられません。エッフェル塔に値段がないのと同じです」

秘蔵のコレクションはほかにもある。19世紀の初め、アジアとヨーロッパの交易が盛んになったころに、アヘンやダイヤモンドを入れて運んだ密輸用のボタン。

1950年代の冷戦時代に旧ソ連のスパイが使った隠し撮り用のカメラは、ボタンにレンズが仕込まれている。使う際は、ボタンホールにはめるだけ。

「楽しーい！ こういう仕掛け、大好きです。ちょっと押すと形が変わる、おもちゃみたいなボタンがあったら面白いですよね」

小坂さんのイメージは無限に広がっていく。

国宝に指定されている、王子の死を悼むボタン

師匠、ロイック・アリオさん。日本の「ボタンの博物館」の監修も務めている

当時のニュースをボタンにしてつけた

冷戦時代の旧ソ連スパイの隠し撮り用ボタン

Mission 5

ボタンが主役、
エルザ・スキャパレリのボタンを探す

一流の感性をボタンに注ぎ込む

　今回の旅で、小坂さんには、とくに見たいコレクションがあった。一流の職人やデザイナーが作った芸術性の高いボタン。一つ一つが美術館に展示されるほどの価値がある。なかでも小坂さんがリスペクトしているのが、エルザ・スキャパレリ（1890〜1973）。あのココ・シャネル（1883〜1971）のライバルとして君臨したデザイナーだ。大胆な発想のボタンをつぎつぎに発表し、世間を驚かせ続けた。ロイックさんはスキャパレリのボタンを世界中から集めている。

　ピーナツをリアルに再現した陶磁器のボタン（1930年代フランス）や、周りに銀細工を施すことで、石ころをボタンに生まれ変わらせたボタンなど（1940年代フランス／石・銀メッキ）、まるでオブジェのよう。

　「すごい、素敵。私にとってスキャパレリのボタンは、手に取ると作った人の楽しさが、ものすごく伝わってくる作品なんです」

　なんとか手に入れたい。無理を承知で交渉してみるが、「私のコレクションだからね。ごめんね」とロイックさん。

　「わかってる」と返す小坂さんだった。

一流の職人たちが作ったエルザ・スキャパレリの個性的なボタン　Loïc's Schiaparelli Collection

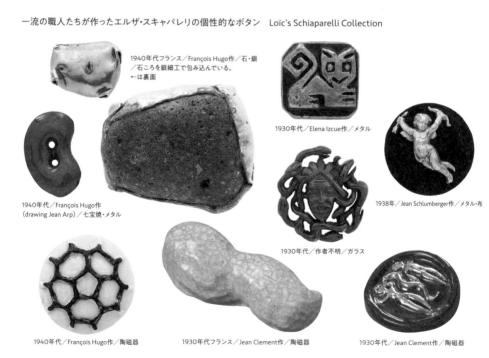

1940年代フランス／François Hugo作／石・銀／石ころを銀細工で包み込んでいる。←は裏面

1930年代／Elena Izcue作／メタル

1940年代／François Hugo作（drawing Jean Arp）／七宝焼・メタル

1938年／Jean Schlumberger作／メタル・布

1930年代／作者不明／ガラス

1940年代／François Hugo作／陶磁器

1930年代フランス／Jean Clement作／陶磁器

1930年代／Jean Clement作／陶磁器

エルザ・スキャパレリのボタンは洋服の魂

　それでも"ボタンの神"は小坂さんを見捨てていなかった。翌日、ロイックさんが案内してくれたのは、フランスのファッションの美術館、ガリエラ・モード美術館の収蔵庫。通常は入ることのできない内部には、ボタンがついたままのスキャパレリのオートクチュールが用意されていた。

　スポーティな革のジャケットについているのは、勇猛な猪のボタン（1950年代フランス／革・メタル）。スキャパレリの服では、ボタンこそがデザインの要だ。

　繊細な生地の黒のツーピースにプードルを象った重みあるボタンが3つ。

　「こんな重いボタンをこんな繊細な生地にどうやってつけたのかと思って裏を見せてもらうと、なんと裏側を補強して、スクリューでビス留めしてあったんです。『ここにボタンをつけましょう』という強い意志が感じられて、すごく面白い。こんなふうに遊び心を持ってボタンを使ったデザイナーはいないし、ここにボタンが3つつくだけで、洋服のクオリティやデザイン力もグッとアップしているように思います」

　極め付きは、色鮮やかなスカートの腰に光る、目の形のボタン（1940年代フランス／エナメル・メタル）。これは、シュールレアリスムの鬼才、サルバドール・ダリ（1904〜1989）が、スキャパレリとともに開発したファッションアイテムの一つ。

　「スキャパレリのボタンは洋服の魂。クリエーターと力を合わせてボタンに全身全霊をこめたのです」とガリエラ・モード美術館のキュレーター、ヴェロニク・ベロワールさんは言う。

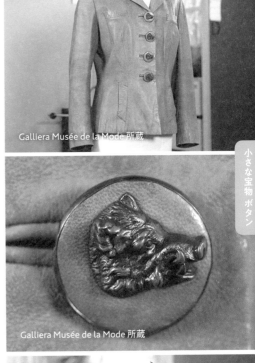

Galliera Musée de la Mode 所蔵

小さな宝物 ボタン

Galliera Musée de la Mode 所蔵

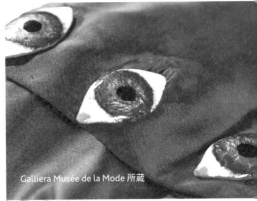

Galliera Musée de la Mode 所蔵

Galliera Musée de la Mode 所蔵

Mission 6
聖地のボタン、
ベツレヘムパールを入手せよ

エルサレムの修道会の展示室。
ボタンはないがモチーフはそここに

憧れのボタンにもう一度、会いたい

　珍しいボタンを発掘し、日本に届けてきた小坂さんが、長年、憧れているボタンがある。パリから南東へ3,300キロ。訪れたのは中東の街、ベツレヘム。

　イスラエルと壁を隔てたパレスチナ暫定自治区にあるベツレヘムが、憧れのボタン「ベツレヘムパール」の生産地だ。古代から人々が祈りを捧げてきたこの聖地は、世界遺産でありイエス・キリスト生誕の地。「17、18年前にお店を始めたころ、イギリスのアンティーク屋さんで、手彫で本当に美しいベツレヘムパールのボタンを買ったんです」

　真珠貝の貝殻を削った透かし彫のボタン。世界的にも珍しいものだが、当時、その価値を知らずに売ってしまった。「それからもう二度と出会えなかったので、ぜひ現地に行って探したいというのが長年の夢でした」

　もし見つかれば、店の看板アイテムにしたい。でも、ボタンの師匠、ロイックさんのコレクションで、一つだけベツレヘムパールを見つけた時のこと。「もう、作ってないよ。終わってしまったんだ」そう言われた。すでに途絶えているかもしれない、職人の技。聖地のボタンを手に入れることはできるのか——。

　実はこの時期、中東情勢が不安定で、現地へ行けるかどうかなかなか決まらなかった。

「でも、私はやはりベツレヘムに行きたくて。だから、許可が下りるのを待ち、入国できたときは本当にうれしかった。ベツレヘムの地に足を踏み入れたとき、これまでの旅で一番、胸が高鳴りました」

ベツレヘムの貝細工は祈りの道具

ベツレヘムでは貝細工は、もともとクリスチャンがミサで使う祈りの道具に用いられていた。ベツレヘムパールの由来となった道具のコレクションがあると聞き、エルサレム修道会の展示室へ。

聖地からの特別な贈り物として世界各地へ届けられた作品の中に、キリストの誕生を知らせる星のモチーフを見つけた。いつか目にしたボタンとそっくりだ。

「こういう感じですね。私が探しているのは。祈りがテーマになっているボタンは、ほかに見たことがない。お守りみたいな存在になっているんじゃないかな」

展示室を管理する修道士のエウジャーノ・アリアータさんにボタンがないか尋ねると、「ここにはないけれど、祈りの道具を手掛けたクリスチャンの職人たちは、巡礼者に聖地の記憶を留めてもらうために、記念品としてボタンやブローチなどの伝統工芸品を作っていた」と教えてくれた。

かつてボタンを作っていた職人の末裔が営む店があると聞き、行ってみることに。店のガラスケースの中に並んでいたのは、手放してしまったボタンと同じ、透かし彫のベツレヘムパールだった。

「すごい。この透かし模様の繊細さ。ここまでクオリティの高いものが残っていると思わなかった。すごくドキドキしています」

店主のユースフ・エリアス・ジアカマンさんに聞くと、店の商品の多くは腕利きの職人だった父親が残したものだという。職人の数は年々減り、細かい細工のできる人は、ほとんどいなくなったらしい。

そして、ベツレヘムパールの世界で名を馳せた父の最高傑作を見せてくれた。息をのむほど細やかな透かし彫。およそ一年かけて作りあげられたという。

「これが手作業で作られたというのが信じられない……」

残りわずかしかない、伝説の職人のボタンは、一般の人に売るには高すぎる。それでも自分のために、一度は手放してしまった星のボタンを手に入れた。

「ずっとこれをイメージしながら、ベツレヘムに行きたいと願っていました。出会えないかもと思っていたので、本当によかった」

聖地のボタンに呼ばれた。そう思った。

ベツレヘムパール職人として
世界に名を馳せたエリアスさんのお父さんの作品

日本にベツレヘムパールを届ける

最後の職人とベツレヘムパールを作る

　ベツレヘムパールを日本にも届けられないか。街外れに、今も細々と土産品を作っている職人がいると聞いて、さっそく工房を訪ねてみる。腕が良ければ、日本向けのボタンを頼めるかもしれない。職人歴50年のブロス・コムシーエさんが透かし彫の技を見せてくれた。

　材料は白蝶貝の貝殻。ボタンの形に切り出して（①）、下絵を描く（②）。直径1ミリほどの穴に極細の糸鋸を通し（③）、慎重に削り出していく（④）。想像を超える技が息づいていた。

　しかし、ブロスさんによれば、小坂さんの注文が受けられるのは今が最後かもしれないという。ベツレヘムのあるパレスチナ暫定自治区は隣国イスラエルとの間で土地を巡る争いが繰り返されてきた。観光客が途絶えるたびに、多くの職人が仕事を失った。さらにイスラエルは二つの地域を隔てる壁を建設中。物資が入りにくくなり、材料となる貝殻の値段も高騰。ものづくり

は続けたいが、採算が取れず、後継者もいない。仕事は厳しさを増しているのだ。

　「あと、10年か15年したら、この技術は途絶えてしまうでしょう。私はいつも祈りを捧げながら仕事をしています。このボタンは聖地で作られたのだと伝わるように」とブロスさん。

　だからこそ小坂さんは、「これぞベツレヘムパール」というオリジナルのボタンの制作をブロスさんに依頼。後日、試作品を見て、素晴らしい技術を確信し、商品を買いつけることに決めた。

魂が震えるような思いも伝える

　ベツレヘムパールの日本での反響は予想を上回り、すべてのデザインが瞬く間に"SOLD OUT"に。新たに、CO- がデザインを提案した商品の制作も進んでいる。「お客さまから届いた感動の声を、全部英訳してブロスさんに送ったら、『魂が震えるようだ』ととても感激して、さらに奮起してくださって。関係も深まったし、あの工房で今日も彫ってるのかな、と思うだけで胸が熱くなります」

　旅を通じて、「バイヤーはモノを買いつけて販売するだけじゃなく、もっともっとていねいに伝えていく必要がある」と再認識をしたという小坂さん。

　「作り手と力を合わせてよりよいモノを作るのもその一つ。それを日本のみんなに届けられるように頑張っていきます」

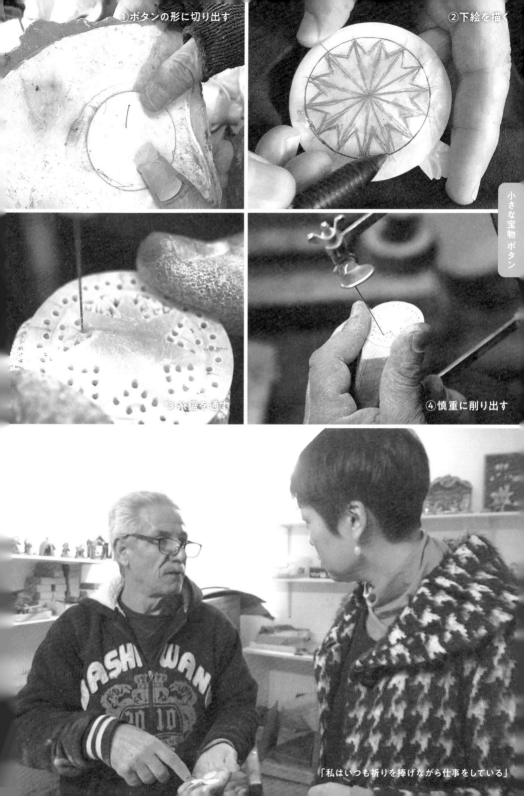

①ボタンの形に切り出す

②下絵を描く

③糸鋸を通す

④慎重に削り出す

小さな宝物 ボタン

「私はいつも祈りを捧げながら仕事をしている」

ロンドンに憧れ、アンティーク屋さんになりたかった

**自分の感性を刺激する、
かわいいものが大好きだった**

　子供のころから石集めが好きで、海辺に遊びに行くと、キレイな石や貝をバケツいっぱいに詰めていました。私はボタン屋ですが、手芸とはあまり縁がなく、中、高の家庭科の成績も「2」。課題でスモックを作ったとき、ポケットを口にして人の顔に見立てたデザインにして提出したら、先生から「こんな奇妙なものに点数はつけられません」と返されて。「これをかわいいと思わないなんて、先生どうかしてるわ！」なんて思っていましたね（笑）。

　中学生のころには、私が住んでいた千葉県でも、文具店に行けば、日本の製品に交じって外国製のスタイリッシュな文具が出回り始めるようになって。"made in England"と書かれたシンプルなペンを持つだけですごくうれしくて、中学、高校時代はずっと、「海外に行きたい！」と思っていました。

　だから短大1年の時、夏休みの短期語学留学でイギリスに行けたのはうれしかったですね。ロンドンはおもちゃ箱をひっくり返したみたいにかわいい街で、すっごく感激して。次の年の夏休みも、アルバイトで貯めたお金でイギリスへ。そのころ、「anan」が「ロンドンで暮らす」という特集を組んだんですけど、毎日それを読んで憧れて憧れて（笑）。「卒業後はイギリスに留学させてほしい」と親に頼みましたが、湾岸戦争（1990年8月〜1991年2月）が終わって間もない時期に、一人で海外に行かせるわけにはいかないと言われ、当時、丸の内にあった企業に就職しました。

24歳。会社を辞めて、憧れのイギリスへ

　配属されたのは石油課といって、ガソリンや軽油、重油の受発注をする部署。数年はしっかり働くつもりでいましたが、手から手へモノが渡されることのない淡々とした事務作業が退屈に思えてしまって……。

Open Time / 12:00-19:00
Close / Sunday, Public holiday

　イギリスに行く夢も忘れられず、3年半で退職。24歳のとき、1年間だけという約束でイギリスに語学留学しました。

　私は古いものがとにかく好きで、アンティーク屋さんになりたかったので、蚤の市やチャリティーショップを回っては雑貨や古着を買い集めて。まだ良いものがたくさんある時代でしたし、「いつかアンティークショップが開けるかもしれない」と夢を広げていました。

　帰国後は契約社員として働きながら、イギリスで購入して自分が使わないものをフリーマーケットで販売したら、飛ぶように売れたんです。代官山や渋谷などの古着屋さんが買いに来てくれたので、「私のセンス、いけるんじゃない!?」と思いましたね（笑）。

30歳の時にウェブショップをスタート

　当時の彼で今の夫がグラフィックデザイナーで、ウェブショップを作って一緒に運営してくれると言うので、「じゃあやろう!」となって。それまで買いためたものをウェブサイトにアップして、2002年、30歳の時にアンティーク雑貨や古着を扱うオンラインショップ CO- を設立しました。

大好きなボタンだから、
ストーリーと一緒にていねいに販売したい

**不思議な出来事から
「ボタン屋さんになる」と宣言**

　ショップを開設してすぐ、イギリスへ買いつけに行き、蚤の市で100年は経とうかというアンティーク缶を買いました。中を見たら、当時のクギと、小さなボタンが2つ入っていて。その3日後、ロンドンのエンジェルというアンティーク街を歩いていたら、初老の女性がすれ違いざまに、「コレ、アナタニアゲル」と言って何かをくれたんです。反射的に手を出して受け取ったら、小さなボタンが5つ……。

　ヘンなこともあるものだなぁと思ってホテルに戻り、この前買った缶にしまおうと思って開けたら、おばあさんがくれたのは、なんと缶に入っていたのとまったく同じボタンだったんです。ほとんど天啓に近いショックを受けた私は、「コレだ！ 私がやるのはボタンなんだ!!」と思い込み、次の日からものすごい勢いでボタンを見て回りました。

　調べてみると、「こんな世界があったの!?」と驚くほど、ボタンの世界は奥深くて。たとえば、19世紀に作られたボタンと20世紀に作られたものでは、素材もデザインもまったく違って、たった1cm、2cmの世界に、その時代のデザインのエッセンスがギュッと詰まっているんです。

　アール・デコの時代のボタンはアール・デコの幾何学的な様式で作られているし、アール・ヌーボーの頃のボタンにはアール・ヌーボーの曲線美が凝縮されている。これは小さなアートだな……と感激して、帰国後、「雑貨屋はやめます。ボタン屋さんになります」と宣言しました。

買いつけは「安く買う」ことじゃないと気づいた

　そこからは、タイトルに「ボタン」とつく本はすべて買い、ボタンの勉強に明け暮れました。買いつけの際には、フランスのボタンコレクターのロイックさんをはじめ、これはと思う方にお願いして、ボタンの価値から真贋の見分け方までいろいろなことを教わって。一つずつ知識を身に付けて、アンティークやヴィンテージボタンを販売するボタン屋さんになりました。

　買いつけの仕事も、経験を重ねながら学びました。始めたばかりのころは、「買いつける＝安く買うこと」という間違った考えを持っていたと思うんです。でも途中から、私がほしいのは、値切って値切って買ったモノではなく、仕入先にもお客さまにも喜ばれ、大切に使ってもらえるモノなんだと気づいて。

「フランス製でお得」なボタンを仕入れるより、一個ずつていねいにストーリーを聞きながら仕入れて、ボタンそのものを、ストーリーと一緒に販売することを大切にしたい。そう思うようになってから、海外のバイヤーさんたちも、「よいボタンが入ったけど、最初に紹介するのは直子にしたよ」と言ってくださるようになって。仕入先との付き合いも深まっていきました。

大切にしているのは「手に取って感じること」

ボタンを見る際、私が大切にしているのは、「手に取って感じること」です。お客さまにも手に取って見ていただきたい気持ちがあるにもかかわらず、ウェブショップではそれが叶わない。イベントでご覧いただける機会は設けていましたが、期間限定でなく継続して見ていただける場所がほしくて、2010年に東京・東神田に実店舗をオープンしました。

ウェブショップの開設以降、経営は常に順風満帆だったわけではありません。でも、不安になったり自信をなくしそうになると、その道のプロがCO-のボタンをほめてくださったり、「本を出しませんか?」というお話がきたりして、自信を取り戻させてくれました。今はお客さまの喜んでくださる顔が、「また面白いボタンを探そう!」というモチベーションになっています。

ちなみに、イギリスで初老の女性がくれた黒蝶貝のボタンは、昔のボタンブーツについていたもの。私の運命を変えた宝物として、今も大切に持っています。

「想像」と「創造」を刺激するボタンを届ける

ボタンは手持ちのアイテムを生まれ変わらせる

　私は自分があまり手芸を得意としてこなかったこともあり、お店を始めるにあたって、手芸をしない人が来てくれても楽しいボタン屋にしたいという思いがありました。それで、ボタンをつけてアクセサリーとして楽しめるオリジナルのリングなどのアクセリーパーツを作ったり、キルトピンを販売したり。穴にゴムを通せば、ボタンはブックバンドやヘアゴムにもなります。「もっと楽しい使い方はないかな?」といつも考えていますね。

　ボタンはもともと洋裁で使われるパーツであり、使い手が自分の好きなようにアレンジすることができます。かわいいボタンが誰かの想像力を刺激して、それが創造につながる——。手持ちのアイテムを新たなものに生まれ変わらせるための小さな種でもあるし、ボタン一つで歴史や時代背景を物語る芸術品でもある。「想像」と「創造」の両方を刺激してくれるのが、ボタンの大きな魅力だと思います。

ボタンから驚きや発見を提供したい

　CO-では、ベツレヘムパール以外にも、現代の作家さんの作品を紹介したり、私たちが古いボタンからインスピレーションを得てデザインしたオリジナルボタンも制作しています。

　手芸やものづくりをする人だけでなく、今まで自分でボタンを買ったことがない人や男性にも、「ボタンってこういう楽しみ方があったんだ!」という驚きや発見を提供できるお店であり続けることがCO-の夢。

　また面白いボタンを見つけに海外へ出かけ、「こんなふうに使ったら楽しいよ♪」という提案をしていきたいなと思います。

　お店に出ているときは、ぜひ、声をかけてください。こんなのも、あんなのもって、たくさんお見せできると思います。不思議なことに「このボタン、かわいいね、かわいいね」って声をかけてあげていると、売れていくんです。やっぱりボタンには魔法がかかっているのかもしれません。

バイヤー旅についての10の質問

❶ 初めて仕事で行ったのはいくつの時、どこでしたか?

ウェブショップをオープンした30歳の時、イギリスへ行きました。

❷ 仕事では年にどのくらいの頻度でどんなところに行きますか?

年に1、2回、ヨーロッパを中心に、時々アメリカへも。コレクターのご自宅訪問、古い在庫が眠っている倉庫、蚤の市などへ。

❸ 旅に必ず持っていくものは何ですか?

息子が小さいときに作ってくれたお手製の旅のお守り。

❹ 準備で欠かせないことは何ですか?

本と音楽を準備。一人旅が多いので、1日のリセットタイムに。

❺ 現地に着いて一番最初にすることは何ですか?

スーパーマーケットへ食料の買い出しに。

❻ もっとも過酷だったバイヤー旅のエピソードを一つ、教えてください。

ミュンヘンで飛行機のトランジットに乗り遅れ、現地で再手配した飛行機は大幅に遅延。目的地ローマに着いたのは深夜だった上に、ロストバッゲージ。スケジュールがびっちりだったので着の身着のまま買いつけを続けなければならなかったこと。

❼ もっとも幸福だったバイヤー旅のエピソードを一つ、教えてください。

もう作っている人はいないと言われていた、ベツレヘムパールの職人さんに出会えたこと。

❽ 外国で仕事をするのに大事なことは何ですか?

日本で仕事をするのと大きく変わらないと思います。一緒にお仕事をする方をリスペクトする気持ちを持って接するようにしています。

❾ 今すぐにでも行ってみたいところはどこですか?

まだ見ぬボタンが眠っているところ。

❿ 駆け出しのころの自分に言ってあげたいことがありますか?

素敵な人とモノにたくさん出会えるよ。楽しんで。

小坂直子 *Naoko Kozaka*

イギリスが大好きで、短大時代に語学留学を重ね、卒業後に就職するも再び1年間のイギリス留学へ。蚤の市やアンティークショップを巡るようになり、2002年、ウェブでアンティークショップを始める。2010年には実店舗もスタートさせた。著書に『ボタン938』がある。

写真協力:CO-(コー) Loïc Allio　　photo:広川智基　　text:浜野雪江

平井千里馬さんと行く

フィンランド
お気に入りの北欧食器を探す旅

北欧好きから絶大な支持を集めるオンラインショップ「スコープ」。北欧食器や家具、オイバ・トイッカのアートピースさえも、生活を彩る価値のあるモノとして届けてくれる。ヘルシンキからお気に入りを探すシャチョウこと平井千里馬さんとの旅が始まる。

長く楽しく無駄なく使われる
モノを探して

よいモノを使い、捨てず、
大事にする北欧デザイン

　使い勝手がよく、やさしさとかわいさにあふれたフィンランドのデザイン食器。数々の名作や逸品を扱い、素敵なコーディネートとともに魅せてくれるのが、オンラインショップ「スコープ」だ。代表の平井千里馬さんは、北欧好きから絶大な支持を集めるカリスマ社長。スタッフやお客さんから、親しみをこめて"シャチョウ"と呼ばれている。

　人気の秘密は、センスを感じさせるネット戦略。親密さにあふれたウェブサイトや、チャーミングなメールマガジン、心和む画像が盛りだくさんのSNSをとおして、自身の考えやライフスタイルのあり方を発信してきた。飾り気のないことばと暮らしに根ざした写真の相乗効果で、多くの共感を集めている。

　「いわゆる"きれいな写真"って、自分の生活とはかけ離れているから、ただ単に『ああ、きれいだな』としか思いませんよね。逆に"生活感のある写真"もちょっと違うと思っていて。ぼくらは、実際の生活の中で写真を撮っている。さらに言うなら、食器が主役じゃなくて、生活が主役」

今、残っているモノは残る

　取り扱うプロダクトも、オリジナル雑貨だけではない。とっくの昔に廃番となった名作を掘り出し、細心の注意を払って復刻するプロジェクトも続けている。そこから数々のヒット商品が生まれてきた。

　「友だちの家にお邪魔したら、フィン・ユールがデザインしたソファが置いてあった。めっちゃ高いヴィンテージ家具（笑）。でも、当人に言わせると、『だって、このさき何十年もずっと使えるモノだから』。つまり、よいモノは残るし、次の世代に受けわたすこともできる。そういう意識を、だれもがごく自然に持っているんです。暮らし方の基本的な姿勢を、ぼくは北欧の人々から、たくさん教わりました」

　北欧の暮らしの中にひそんでいる"素敵"を見つけ出す名人。それが平井さんなのだ。

ヘルシンキ *Helsinki*

森と湖とデザインの国、フィンランドの首都。バルト海東部に位置し、2012年に世界デザイン都市に選ばれている。移動には街の中心部をほぼカバーするトラムが便利。蚤の市が開かれているハカニエミマーケットホール、ショップやカフェ、ガイドツアーが体験できるイッタラ&アラビアデザインセンター、社員食堂とアウトレットが楽しみなマリメッコ本社、アルヴァ・アアルト設計のアカデミア書店、映画『かもめ食堂』にも登場したカフェ・アアルト他、スウェーデン王国時代、ロシア帝国に併合されていた時代の建築も残る。デザイン博物館、

シベリウス公園、公共のサウナも人気。ヘルシンキから列車で約2時間のナーンタリには本場のムーミンワールドがある。日本からヘルシンキまで空路で10時間30分。

FINLAND
フィンランド

ヘルシンキ

57

リサーチは首都ヘルシンキの蚤の市から

トラムに乗って蚤の市へ

　最初に訪れたのは首都ヘルシンキ。まずはスコープのスタッフとともにトラムに乗って蚤の市へ。テーブルコーディネートに使えそうなヴィンテージ食器を探すのだ。
「なんというか "ありえないもの" を見つけたい。要するに、神がかっているような逸品（笑）。そんな素敵なモノが見つからないかと、毎回、思っているんですけど、こればっかりは時の運」
　港のそばにある広場に到着。ヒエタラハデントリでは、夏の間、毎日、フィンランド最大級の蚤の市が開かれている。毎年のように足を運んでいるため出展者から「去年も来ていたよね？」などと声をかけられたりもする。
　iittala（イッタラ）の小さな器を見つけた平井さん。色味に反応したようだ。
「ブラウンやオリーブのように、ちょっと渋い色をしたグラスにフィンランドらしさを感じます。このサイズだと日本酒を呑むときに活躍しそう（笑）」

フィンランドのスタンダード食器

　平井さんの判断基準は、自分の生活に使えるどうか。さらに言えば、日本の暮らしになじむかどうか。だからこそスコープが扱う商品は、広く受けいれられている。
　蚤の市ではタッチの差でArabia（アラビア）のヴィンテージ食器を逃してしまった。今は製造されていない黄色のカップ＆ソーサーだ。平井さん、いずれ復刻したいとひそかに闘志を燃やしているらしい。
「iittalaとArabiaはフィンランド食器の二大ブランドで、フィンランドの人々が日常的に使う食器を作っています。ベーシックかつスタンダードなものですね」
　定番中の定番であるTeema（ティーマ）

トラムに乗って蚤の市へ

あと一歩のところで黄色い食器を逃す！

ここがヒエタラハデントリ

ARABIA刻印のTeemaのイエローはレアもの

のカップ＆ソーサーは、一見すると、なんの変哲もない形をしている。しかし、実は使い勝手がよく考えられている。そこに平井さんは惹かれると言う。

「逆に言うと、生活の中で使っていかないと、Teemaのよさは実感しづらいかもしれない。デザインしたカイ・フランクは"使う"ということを徹底的に考え抜いたんだと思います」

ヴィンテージコレクターから知識を

平井さんの実感を裏づけるのが、デザインの歴史。コレクターで、ヴィンテージ食器のショップBisarri（ビサーリ）のオーナーのマルヨ・エレッコさん。これまでも平井さんにいろんなことを教えてくれたが、今回の旅では「すごくモダンでしょ？」と、木製バスケットとガラス器のセットをすすめてくれた。1950年代初頭に作られたという名品だ。

「あっ、ちょうどぼくの中でも、木と器の組み合わせがブームだったんですよ。うん、これはすごくいい！」

知れば知るほど、掘れば掘るほど、ヴィンテージの世界は奥が深い。

北欧食器

木製バスケットとガラス器の組み合わせが素敵

この中にお宝があるかも？

美しくレイアウトされたヴィンテージグラス

フィンランドの生活の中にヒントを見つける

ハンナさんのホームパーティーへ

　平井さんは屈指のヴィンテージコレクター、ハンナ・ヤムサさんの自宅を訪ねた。北欧の夏は短い。だから、人々はあっという間に過ぎゆく夏を、思いっきり楽しむ。ハンナさんも、日本の友人をもてなすため、ホームパーティーを開催。窓際で明るい日ざしを浴びながら、みんなでいただく気どりのない手料理。フィンランドらしさが味わえる暮らしぶりだ。

　シンプルで美しいコーディネートはお手のもの。テーブルに並ぶのは、定番ブランドのArabia。北欧デザインの雄、カイ・フランクが手がけた名作Kilta（キルタ）と、その後継にあたるTeemaを中心に、無駄のない形とあざやかな色が食事の気分を盛りあげる。

　しかし、平井さんが目をとめたのは、準備中の雑然としたキッチン。すかさず、同行の写真家・若木信吾さんに撮影を指示した。どうしてだろう。

「ハンナさんのテーブルセッティングは、もちろん完璧でカッコいい。でも、こっちはこっちで、めっちゃいきいきとした光景ですからね。レモンが転がっていたりして、まさに"日常"という感じ。すごく味がある」

★4点がKilta。Teemaと合わせてコーディネート

棚にはカイピアイネンがデザインした
Paratiisiシリーズが並ぶ

雑然とする中にSunnuntaiのピッチャー

窓辺にはカイ・フランクデザインの吊り飾り
「アテネの朝」がゆれる

使うからこそ意味がある

　名作食器の Kilta はヴィンテージ品。それでもハンナさんは、ごくあたりまえに使っている。

「食器は使うからこそ意味があるし、いい食器だからこそ、仕度中でごちゃごちゃしたところに置かれていても存在感がある。お客さんに伝えたいのは、そういうところ」

　ハンナさんが用意した食卓のイメージは「初夏のピクニック」。料理と食器のカラーリングも考え抜かれている。たとえば、オレンジ色の魚卵は黄色い容器に、青みがかった魚の酢漬けはオリーブ色のボウルに。そうすることで色味が映え、おいしさはぐんと引き立つのだ。

　見た目だけではない。効率面でも優れものがそろっている。ハンナさん曰く、「料理は蓋つきの容器に作りおき。お客さんがいらしたら、冷蔵庫から出して、テーブルで蓋を開けるだけ。祖母が言っていたわ。『賢いフィンランドの女性は無駄な仕事をしないものよ』って」

長く使える食器をきちんと選ぶ

　これまで平井さんは、ハンナさんからさまざまな人を紹介してもらい、フィンランドの人々のふだんの暮らしぶりを、なんども見せてもらった。お気に入りの食器や家具に囲まれたライフスタイルから、毎回、平井さんは大きなインスピレーションを得ている。

「そうした経験が商品開発のアイデアや、サービスのあり方につながっています。ぼくらは、ただ単にモノを仕入れているのではなく、『フィンランドの人たちは、こんなふうに使っているんですよ』という情報と合わせて、食器を紹介している。それも、長く使える食器や、捨てずに残しておけるアイテムをきちんと選んだうえで」

左から2番目がハンナさん。実はヘルシンキの旅行会社My Suomiの社長さんです

Mission 3

北欧デザインの秘密に迫る。
Arabiaのアート工房へ潜入

自由な創作活動をサポート

　1873年に誕生したArabiaは、フィンランドのみならず、北欧デザインを代表するブランドだ。最大の魅力はクリエイターによる自由な発想。Arabiaでは1920年代から1930年代にかけてデザイン部門やアート部門を設立し、誰もが手にする日用品に独自の美しさを取り入れた。デザイン性が高いだけでなく、機能的にも優れていることから、世界中で愛される製品を作り続けている。平井さんのオンラインショップでも、定番中の定番、Paratiisi（パラティッシ）シリーズやRuno（ルノ）シリーズを取り扱ってきた。今回、訪問したのはブランドの心臓部であるアート部門。ヘイニ・リータフフタさんと新たなアイテムを開発するためだ。
「Arabiaは100年近くも前からアーティストやデザイナーをサポートしているんですよ。いまはアトリエが9つあって、在籍するクリエイターたちは、全員、自由に創作活動をおこなっています。ヘイニもそのうちの一人。最年少でアート工房に招かれた期待の逸材で、自然や植物をモチーフにした作風が人気です。ひとことで言うなら、かわいいデザイン（笑）」

仕事だけど、楽しく取りくむこと

　平井さんとヘイニさんの交流は10年にも及ぶ。ヘイニさん曰く、「初めてお会いしたとき、平井さんはこんなことを言ってくれたんです。『これは仕事なんだけど、でも、楽しくやらないとダメだ！』って。ちょうど最近、そのことばをよく思い出していましたね」
　実は平井さん、ヘイニさんがデザインした絵柄をモチーフに、別注品を制作しようと目論んでいた。テーブルの中央に置けるような大皿だ。さっそく、二人のやりとりが始まった——。形はどういうものがいいの？　大きければ丸皿でも角皿でもどっちでも。じゃあ、色合いはどんなイメージ？　うーん、色数は少なめ、静かな感じのものがいいかな。……などなど、ものづくりの話は一気に盛りあがっていく。

いざ、アート工房へ。見学ツアーもある

9階にあるアトリエでウキウキ

うさぎシリーズで…
ヘルヤ・リウッコスンドストロムさんのアトリエ

北欧食器

ヘイニさんと作った印判箸置き

最年少で招かれたヘイニさん。
時々個展も開く

このアトリエからRunoシリーズが生まれた!

63

Mission 4

夢を現実にする。
オイバと作るオリジナルバード

パクスポイカが来るから！

　ヘルシンキに滞在している間、平井さんは、毎朝、行きつけのコーヒーテントに足を運ぶ。オーナーともすっかり顔なじみ。親しげに「パクスポイカ！（太っちょさん！）」と声をかけられながら、名物の菓子パンとコーヒーで、フィンランドの朝をゆっくり味わう。

　以前はオイバ・トイッカさんとともに通っていた。そう、世界的に知られるガラスデザイナーだ。惜しくも2019年に亡くなったが、その作品はフィンランド国立ガラス美術館にも収蔵されている。

　「オイバの作風は唯一無二。それだけに北欧デザインの主流からは、ちょっと外れています。想像力豊かで、形や配色が自由で大胆。そして、なによりぬくもりがある。そこが大きな魅力です」

　訪れたのは北欧を代表するブランドiittalaの工場。なんども交流するうちに、オイバさんの信頼を勝ち得た平井さん。

「パクスポイカ、やせた？」
コーヒーテントのオーナーと

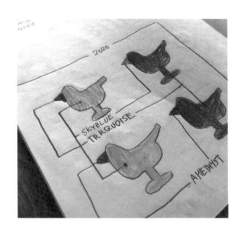

10年ほど前からオリジナルデザインを依頼するようになっていたが、この日の目的は特注品の試作。当時、老齢のため足を悪くし、工場に来られなくなったオイバさんの代わりに、仕上げを任されたのだ。

最新型の「バード」に取り組む

　オイバさんの代表作の一つが1973年から発表し続けている「バード バイ トイッカ」シリーズ。ガラス職人によって、一つ一つ丹念につくられるアートピースだ。今回は初期の"ゆるいデザイン"をリメイクしたい思いがあった。

　「あらためて見てみると、当時のゆるさはチャーミングで、ぼくらにとっては、むしろ新鮮。当時の雰囲気や匂いを、なんとか出したいと思いつつ、オイバから一任されているので責任も重大。緊張して胃が痛いですよ……（苦笑）」

完成した「キーックリ」

真ん中が日本人のガラス職人・佐藤ミツルさん

「ラクスポイカは職人たちに仕事をさせてくれたんだ」とオイバさん

職人のプライドと平井さんの思い

　熟練のガラス職人は、何十年にもわたり、オイバのデザインを形にしてきた。ニュアンスやディテールを完璧に把握しているという自負がある。それゆえ、平井さんのダメ出しや修正指示に対し、なかなか歩み寄ろうとはしない。

　頭はなるべく小さくしてほしい、逆にくちばしは長くしてくれないか、今のままだと首が太すぎるから、もっと細いほうがいい——平井さんと職人を仲介する日本人のガラス職人・佐藤ミツルさんも、さすがに疲労を隠せない。試作がなんども繰り返され、いつの間にか4時間以上も経っていた。

　苦心の末、ようやくできあがったのは、さしこむ光によって表情を変える青い鳥。風格がありながら、どこか愛らしい。

　後日、オイバさんから、こんなメッセージが届いた。

　「とても特別感があり、力強いものになったね。職人の卓越した技術で、見事につくりあげました。色のバランスもいいし、くちばしもとてもいいね」……。

　平井さんの胸中には、つねに「オイバだったらどうするか」という厳しい視点がある。けれども、完成したバードは、やさしさと自由な空気につつまれていた。

オイバ・トイッカさんと

アルテックの名品「スツール60」の別注品を作る

20世紀デザインの名作中の名作

　フィンランド、いや、北欧を代表する建築家アルヴァ・アアルトが「スツール60」をデザインしたのは1933年のこと。シンプルな構造を活かしたこの小椅子は、製造メーカーであるArtek（アルテック）社を象徴するプロダクトであると同時に、20世紀デザインの潮流に大きな影響をあたえた。

　「スツール60は、今も昔と同じフィンランドの工場で生産されているんです。そのこと自体、すごいなと思っていて。マイナーチェンジはあったんだろうけど、構造もデザインも基本的なところは変わっていない。丸い座面に3本の脚部がネジ止めされているだけ。だから、同じ工場で作り続けられている」

　あるとき平井さんは、ヴィンテージ家具のコレクターから100脚以上ものスツール60を譲り受けた。それがきっかけとなり、その後、1930年代から1970年代にかけて作られたものを集め、最終的にコレクションは200脚にもふくれあがった。

　スツール60は、今でも現役のプロダクトとして流通しているが、人気が高いのは座面をバーチ材で仕上げたもの。木のぬくもりが感じられるからだろうか。しかし、平井さんはリノリウム素材を用いたものに"素敵"を見出した。

ヴィンテージ家具が教えるモノの価値

　「たくさんのヴィンテージを眺めているうちに、ぼくはリノリウムの経年変化に美しさを感じたんです。50年前のスツール60が、とても味わい深い表情をうかべている。見方を変えると、今、新品のスツール60を手に入れたとすると、50年後にはこんなふうになるんだなと思って。その瞬間、別注品を作ろうと思い立った」

　2013年、別注品プロジェクトがスタート。平井さんがすごいのは、18色すべてのラインナップをそろえたところ。その理由がふるっている。「どの色も素敵で、絞りきれなかった」というのだ。この大英断（それとも暴挙？）には、Artek社の担当者も驚いたにちがいない。だが、そのおかげでオンラインショップに訪れる人は、たくさんのカラーバリエーションの中から、自分の好みや生活環境に合わせて色を選べるようになったのだ。

1930年代から作り続けられている「スツール60」。
座面に脚を直接電動ドライバーでネジ止めするのが大変なので、
スコープでは組み立て済みで配送される

北欧食器

工場にも足を運ぶ

artek

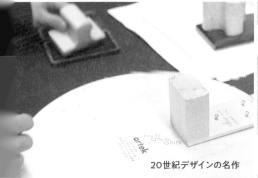

20世紀デザインの名作

人気なのはフィンランド産の無垢のバーチ

マリメッコ社で32年。下絵の数も半端ではない

開発中の「ウメッス」の原型

ARABIAで陶芸を始めた

石本さんのプリアーントの…自宅で

北欧デザインと和食器をかけ合わせる

日本の職人技「東屋」との共同作業

1997年に誕生した「東屋」は、日本各地の手工業者とていねいなコラボレーションを続け、これまで多くの「生活のための道具」を送り出してきた。熟練した職人技と日本の美意識、この二つを体現した道具に惹かれるファンは多い。

平井さんが東屋代表の熊田剛祐さんと出会ったのは2000年代中盤。ちょうどスコープの方向性について模索していたところだ。なにより和食器に関する知識と経験に圧倒されたという。

「ぼくらは北欧雑貨、東屋は日本の道具という違いはありますが、モノの価値を突きつめていくというところでは共通している。和食器については、わからないことが多く、今でも勉強させてもらっています。というより、熊田さんの考えや姿勢に影響を受けたおかげで、今のぼくらがあると言ってもいいくらい。それくらいすごい人です」

北欧ブランドと同じく、東屋ともさまざまな別注品を作ってきた。手作業で印判染めつけをおこなったシリーズは人気が高く、ヘイニ・リータフフタによる箸置きやクラウス・ハーパニエミの絵柄を用いた小皿など、北欧と和のミックスが楽しい。

北欧デザインの石本藤雄さんと東屋

北欧デザインを語るとき、欠かせない日本人がいる。マリメッコ社に32年間在籍し、400点以上のテキスタイルデザインを生み出した石本藤雄さんだ。退社後、Arabiaのアート部門に招かれ、陶芸作品にも取り組んだ。オイバ・トイッカ同様、平井さんへの信頼も厚い。現在は帰国し、出身地の愛媛県で暮らしている。

「スコープが20周年を迎えることになり、石本先生にオリジナル柄の"ヒラヒラ"をデザインしていただきました。さらに、それを東屋の木瓜（もっこう）角皿に印判染めつけすると素敵なモノが生まれるんじゃないかと思い、なんども試作を重ね、ついに石本先生も東屋もぼくらも、みんなが満足のいく別注品『木瓜角皿 ヒラヒラ』が完成しました！」

この三者による企ては、さらなる発展を遂げ、新たなシリーズ「伊賀石本 花絵皿」も始まった。平井さんのひらめきはとどまるところをしらない。"素敵"を探す旅はまだまだ続きそうだ。

左から石本さん、オイバさん、平井さん

Mission 7

仕入れたら届ける。
オンラインは細部にこだわる

濃密なユーザー・コミュニケーション

　栄枯盛衰のはげしいオンラインショップの世界。にもかかわらずスコープは、創立から20年もの間、つねに利用者からの評価が高い。愛されていると言ってもいいだろう。

　その秘訣は3つ。まずは、自ら商品在庫を持つこと。それから、在庫をかかえるぶん、責任をもって販売企画を立てること。さらに、顔の見えるコミュニケーションを続けていくこと。とりわけ、裏表のない情報発信は群を抜いている。

　「その時々のコミュニケーションツールはぜんぶ使ってきましたね。掲示板やチャットルームにはじまり、ブログやメールマガジン、フェイスブックやインスタグラム、YouTube チャンネルなどの SNS……。

結果として"ネット戦略"みたいに見えるのかもしれないけど、単に交流すること自体が好きなんですよ」

　掲示板への書き込みも、なんといまだに"シャチョウ"本人が律儀に返信。

　「言いたいことは山ほどあって、ぼくらの考え方をどんどん伝えたい。戦略というより、これはもう体質（笑）」

「OMK」という夢のオマケシステム

　ユニークな販売企画を象徴するのが、これまで紹介してきたさまざまな復刻品や別注品だが、定番品に関しても、ていねいな商品説明に、生活実感に根ざした写真を添え、「暮らしのあり方」を提示してきた。その一方、利用者を楽しませるために編み出した企画もある。

　「オンラインショップでありがちなのがポイントシステム。購入金額に応じて、一定のポイントが貯まる仕組みです。ぼくらが実施している『OMK』も、3,000円ごとに1omkが付与されますが、これは貯められません（笑）。その代わり、omkの数に応じて、限定生産のノベルティグッズや人気商品をオマケ（OMK）としてプレゼントしています」

　オマケとはいうものの、その内実は、買おうとしても買えないレアアイテムだったりするあたり、平井さんは一貫して手を抜かない。中には、OMK 欲しさに商品を購入するお客さまもいるとか。いずれにせよスコープで扱うのは、ただの「商品」ではなく、生活を彩る「価値あるモノ」なのだ。

個体差のある商品はすべて個別に撮影する

楽天の「ショップ・オブ・ザ・イヤー」の盾がならぶ

OMK

売っていない物も手にできる！夢のシステム！オーエムケー

- 税込 ¥3,000 = 1omk
- 貯められません、毎度使いきり
- オーダー完了後のOMK選択・変更は不可
- ノークレーム、ノーリターン

スコープのOMK（オーエムケー）は使い切りですから貯められません。ポイントだらけの昨今ですが、還元を振り回らないスコープが独自に生み出した夢のシステム、それがオーエムケー！ とのできないレアアイテムを含むラインナップから、ご注文金額に応じて希望の逸品をゲットしたり、OMKくじに応募できたりします。仕組みは簡単。スコープでは3千円ごとに1omkが付与されますので、ご注文金額入力のカートに到達して、好きなオーエムケーを選びゲットするだけです。もし、omkを貯めることはできませんでした。複数オーダーを同時進行都合上、合算してオーエムケーを選び直すこともできません。OMKを選び方、後からOMKリクエストして追加GOもNGです。近づけたい場合のOMKはスッパリ御免下さい。思っている逸品がOMKでしたら、きっとその手元のどれもこれもアレコレまとめてオーダーしてゲットするしかない当たりオーダーやキャンセルを理由のOMK復活することは絶滅ほどに起こります。あっ！無くなった思って、復活する可能性はゼロでない。渡す前の完売なら絶対マルメ不問などを当選品となく完全なシステムですが、手がけはある。多岐に亘りおもしろおもろくだ、小さなピーチと贈り物な付しも物でオーエムケーは、ご注文商品以外ならお届けとなります。例外はありません。

OMK＝おまけ

北欧食器

「よくある質問」にはシャチョウ自らが答える

人気のあるのはインスタグラム。
動画もシャチョウ作の絵コンテを元に撮影されている

リアルイベントもやってみました

BUYER'S HISTORY

最初はバーを作りたかった

面白がれる感覚を共有したい

今考えると、子供のころから企画を立てたりするのが好きだったのかもしれない。なんでかと言うと、アイデアを思いついた瞬間、実行せずにはいられなかったから。

たとえば、「遠足を毎月開催しよう！」というアイデアがひらめいたことがあった。じゃあ、「遠足のしおり」を毎月作らなきゃいけないと。そのためには、友だちからカンパしてもらわなきゃいけない。しおりの制作費が必要ですからね。ぼくとしては、みんなのおこづかいを巻きあげているつもりなんてさらさらないんだけれども、お母さんたちからすると、「もう、千里馬くんと遊んではいけません！」となる(笑)。

中学・高校のころは暗黒時代。勉強ができるわけでもなく、運動が得意なほうでもなかった。いるのかいないのかわからないような存在。まったくの "無" ですよ(笑)。

そうそう、高校のとき、ラジオの深夜放送に投稿するのにハマってました。いわゆる "ハガキ職人" ってやつです。当時「FMナイトストリート」という番組があって、ケラさんや関口誠人さんがパーソナリティをつとめていました。ぼくが今、ウェブサイトやメルマガ、SNSで大量の文章を書きまくっているのも、ハガキ職人だった時期のなごりです、完全に。

別に相手の顔は直接見えなくてもいいんだけれども、なにかを面白がれる感覚を共有できる誰かと、密にコミュニケーションを取りながら、相手をめっちゃ楽しませたい。そういう欲求が強いのかもしれないですね。もちろん、自分が楽しく思えるかどうか、それがいちばん重要なんですけど。

大学時代はインターネット黎明期

生まれも育ちも愛知県田原市。同郷の有名人に、お笑いタレントの光浦靖子さんがいて、彼女とは小学校から同じ学校でした。

大学はおとなりの豊橋市にある豊橋技術科学大学に進学。本当は建設工学に進みたかったんだけど、残念ながら願いはかなわず、物質工学を専攻することに。といっても、勉強は全然しなかった。豊橋には素敵な飲み屋さんがたくさんあったんですよ。毎晩とまではいわないけれども、学生ながら、けっこう飲み歩いていました。そのうち「いつか自分もシブいバーを開くぞ！」なんてことを考えるようになって。

物質工学にはあまり熱が入らなかったものの、それでも大学には入りびたっていました。理工系の大学だったので、インターネットの専用回線が使い放題だったんです。今は常時接続があたりまえですが、1990年代中盤は"ダイヤルアップ接続"の時代。いわばインターネット黎明期。ネットの世界は未知の大海原でしたから、自然と"ネットショップ"というアイデアも浮かんできて。

就職先の倒産から学んだこと

在学中から、将来はインテリア関係の仕事をしようと決めていました。というか、いずれは独立するという目標があったから、企業や組織のあり方や、仕事の進め方を学ぼうと、卒業後は家具メーカーに就職。このとき選択肢は二つあったんです。一つは上場間近の大手企業、もう一つは中小企業。迷わず後者を選びました。周囲は驚いていましたけど。

インターネットには未来がある

結局、入社したところは、2年後に潰れてしまう。倒産するまでのプロセスを目の当たりにしたことは、大きな糧になりました。会社が傾くと取引先の態度や社内の雰囲気はどう変わるのか。もうホントにきれいごとなんて言ってられない状態で。修羅場ですよ。そのぶん、ありとあらゆることを見せてもらいましたし、いろんな体験をさせてもらいました。

1999年11月11日にスコープを立ち上げました。今では考えられないかもしれないけれど、あのころは"ネットショップ"という業態そのものが、海のものとも山のものともつかない怪しげな存在だった。実際、最初から順風満帆というわけでもなかったし、ネット空間自体がフロンティアだったからこそ、技術的にもサービス的にも、そのつど対応を考え、手探りの状態で仕事を進めないといけなかった。もうね、悪戦苦闘の日々！ けれども、ぼくらはインターネットに未来があると確信していた。なんといっても、アイデアと可能性だけはありましたから。

オイバ・トイッカのサイン

やれない理由を数えるより、
どうすればできるかを考える

周囲の影響を受けながら
世界観ができあがった

　家具や雑貨を扱うインテリア関連のネットショップとしてスタートし、それは今も変わっていません。当初から一貫しているのは、きちんと在庫を持つこと。そうじゃないとメーカーは取引してくれません。

　逆に、自分たちで倉庫を確保し、在庫の山を積み上げることで、「どうやって売ろうか?」というアイデアがわいてくる。そこが醍醐味。面白いところです。在庫に責任を持つって、あたりまえといえばあたりまえの話なんですけどね。

　一方、最初のころは「あれも置こう、これも扱おう」といった状況で、セレクトに一貫性がなかったのも事実。設立メンバーの平山侑嗣(スコープ専務取締役)が、早い段階でiittalaやArabiaの魅力を教えてくれたり、あるいは、東屋の熊田剛祐さんとの出会いがあったりして、周囲の影響を受けながら、しだいに今の世界観ができあがっていった感じかな。

　ぼく自身、考え方や物事のとらえ方は、ずいぶん変化した。まあ、そもそも尊敬する人からの影響をめちゃくちゃ受けやすくて。そういう性格なんです。

「やらないこと」を決めておく

　最初に勤めた会社が2年で潰れて、社員や関係者が不幸な状況に陥るのを目の当たりにした。そのとき思ったんです。絶対に会社を潰しちゃいけないって。だから、経営者的な視点でいうと、会社はつねに小回りのきく状態で運営していかないとダメだと思っています。

　たとえば、ネットショップがうまくいったから、じゃあ実店舗をもとうかという話も、当然、出てくるんだけれども、ぼくらはそれをやらない。絶対に。なぜなら、身軽さが失われるから。

　こんなふうに、ぼくらの中では「やらないこと」をきちんと決めています。どんなにいい話があっても実店舗は出さない、ギフト対応はしない、ポイントシステムは導入しない、卸売りはしない……等々。まあ、ぼくの場合、思いついたことを全部やりたがるという傾向があるから、それに対する歯止めという意味もあります（笑）。

課題解決のため徹底的に知恵を絞る

　逆に、実現したいアイデアのためには労力を惜しまないというのも、ぼくらの特徴。やりたいことがあるのに、それができないとしたら、まずはなにが課題なのかを徹底的に洗い出す。ポイントが見えたら、その解決策を探ればいいだけ。

　たとえば別注品を作るとき、メーカーにはメーカーの論理がある。いちばんわかりやすいのは製造ロット。

　100個だと採算がとれない？　じゃあ200個なら？　いやいや、それでも無理ですよ。だったら500個！　うーん……。よし、わかった、1,000個でどうだ！　ああ、その数量なら大丈夫、いっしょにやってみよう！

　そんなふうに話を進めていくことが大事。むろん、これは取引先とのやりとりだけじゃなく、社内においても意識しています。とくにぼくは"シャチョウ"ですから、どうすればできるのかを考えるのが仕事。幸いなことに、スタッフ全員、「自分で考えるのが好き！」というタイプばかりなので、あらゆる場面で助けられています。

　と同時に、やりたいことを実現するには、業務の効率化は必要不可欠。時間的にも資金的にも、意味のないコストは徹底的に削っています。

来週のことしか考えていない。
過去も振り返らない

最終地点は円満なスコープ解散？

　おかげさまで、2020年に20周年を迎えることができまして。われながら、山あり谷ありの仕事人生だったと思います。こんなふうに今までやってこられたのも、さまざまな出会いや結びつきがあったから。ぼく自身が緻密に計画を立てて物事を進めてきたわけではないんです。

　どちらかというと、いきあたりばったりというか、その時々のひらめきや思いつきで、商品開発やサービスを考えていったところが大きい。将来的な見通しについても、ぶっちゃけ、来週のことでアタマがいっぱいですし。そのぶん、スタッフにはむちゃぶりも多くて、みんなが「もう辞めます！」と言いださないか、けっこう不安を感じますね（笑）。

　ぼくらが扱っている家具や食器って、いちど購入すれば、このさき何十年も使えるもの。もっと言うと、子や孫の代まで受けつがれるようなものばかり。だからスコープを利用してくれたお客さまから、「一式そろえたら、もう買うものがなくなってしまいました」と言われたりもする。フツーに考えると、ショップとしてはヤバい。だって、その人はもう何も買ってくれないわけですから。

　でも、ぼくらはそれでいいと思っている。だって、いいものを選んで、捨てずに大事にしてくれるのなら、ぼくらの考えが伝わったということですから。お客さま一人一人が豊かな暮らしをして、そのうちお客さまがいなくなり、ショップとして成立しなくなったら……、うん、そのときはスコープを解散します！

　その先ですか？　うーん、そうなったらそうなったで、スタッフ全員で考えればいいんじゃないですかね。

バイヤー旅についての10の質問

❶ 初めて仕事で行ったのはいくつの時、どこでしたか?

けっこう遅いんですよね。35歳の時、ドイツ、フィンランド、スウェーデンを回りました。そのときオイバ・トイッカともはじめて出会って。

❷ 仕事では年にどのくらいの頻度でどんなところに行きますか?

年3回程度。多いときは5回くらい。1回につき2週間ほど現地に滞在します。

❸ 旅に必ず持っていくものは何ですか?

色鉛筆とノート。色鉛筆のメーカーはこだわりません。ノートは2種類。1冊はマルマンのクロッキーブック。もう1冊はアイデアノート。こちらは消しては書き、書いては消しを繰り返しながら、ずっと使い続けています。もともとは建築家・荒木信雄さんの事務所「The Archetype」のオリジナルノートで、アーティストでありグラフィックデザイナーでもある立花文穂さんが1冊ずつ手製本したもの。ヴィンテージの用紙を使っているそうです。

❹ 準備で欠かせないことは何ですか?

渡航先で起こりそうなできごとを、アタマの中で正確にシミュレーションすること。復刻品や別注品などをお願いするメーカーやブランドとのやりとりでは、想定外の事態が生じる可能性も高い。そうなっても慌てないよう、念には念を入れてプランを立てます。

❺ 現地について一番最初にすることは何ですか?

一人で散歩しながらシミュレーション。あとは、落ちついて過ごせるカフェを見つけることかな。

❻ もっとも過酷だったバイヤー旅のエピソードを一つ、教えてください。

オイバ・トイッカの「バード バイ トイッカ」を初めて試作したとき。そのころはオイバも元気でしたから、すぐそばでぼくの判断を見ているわけですよ。本気度を試されているというか……。深く考えないまま、その場の思いつきを口にしてしまったので、プランニングもシミュレーションも、全然できていなかった。冷や汗ものでしたね。その反省もあって、以降、事前準備はしっかりやろうと心がけるようになりました。

❼ もっとも幸福だったバイヤー旅のエピソードを一つ、教えてください。

オイバの自宅に招かれて、石本藤雄先生と3人で食事をつくったこと! いつもなら外食したりするんですけど、そのときは、なぜか料理しようよということになって。ぼくはブリニ(パンケーキ)をつくりました。

❽ 外国で仕事をするのに大事なことは何ですか?

ぼくらがなにをしたいのか、結論をまっさきに言うこと。それも具体的に。こちらの思いをストレートに伝えるのが大事。

❾ 今すぐにでも行ってみたいところはどこですか?

ヘルシンキのコーヒーテント!

❿ 駆け出しのころの自分に言ってあげたいことがありますか?

オイバにこんなことを言われました。『心配するな、行けば、必ずなにかできる』って。この言葉ですね。

北欧食器

平井千里馬 *Chirima Hirai*

大学卒業後、家具メーカーを経て2000年にオンラインショップスコープを立ち上げる。オイバ・トイッカ、石本藤雄、ヘイニ・リータフフフなど、アーティストとコラボした特注品づくりが得意。2020年に20周年を迎えた。「予定は未定」がモットー。

写真協力:スコープ(scope)　text:大城譲治

香港・オーストラリア

世界に一つの

宝石を探す旅

アートピースのような一点物のジュエリーを手がける「トーカティブ」のジュエリーデザイナー、マロッタ忍さん。世界に一つしかない石を探して、鉱山にまでも出かけて行く。今回訪れたのは、香港とオーストラリア。「石を買いつけに行くときの気分はいつもトレジャーハンター」——マロッタさんとロマンの旅を。

世界に一つの天然石を、
人生を愉しむジュエリーにする

ささやかな高揚感と
ポジティブな気分を

　注目のジュエリーデザイナー、マロッタ忍さん。自身のブランド「トーカティブ」からつぎつぎに送り出されるジュエリーたちは、スタイリッシュなデザインとラグジュアリーなスタイルで人気が高い。とりわけ"大人の女性たち"からの支持は絶大。その秘密は、アートピースのように洗練されたフォルムにある。知的な雰囲気や上品な趣に加え、ちょっとした遊び心が感じられるのも大きな特徴だ。

　「ジュエリーを身に着けると、誰でも胸がときめきますよね。私たちがつくるジュエリーも、普段の生活にささやかな高揚感とポジティブな気分をもたらすものになっているといいなと思っています」

石に対する並々ならぬ思い

　マロッタさんには譲れないこだわりがある。ジュエリーとして仕立てるのは、自身で厳選した宝石のみ。そのためには、海外で開催されるジェム（宝石）ショーだけでなく、宝石を産出する鉱山にまで足を運んでしまうのだ。採掘の現場にまで行ってしまうジュエリーデザイナーは、そう多くはない。

　にこやかな笑顔としなやかな発想の裏側には、石に対する並々ならぬ思いが潜んでいる。

　「ジェムショーやジュエリーショーは、ツーソン（米国・アリゾナ州）や香港などで開催されます。鉱山へはハーキマーダイヤモンドクォーツで知られるハーキマー鉱山（米国・ニューヨーク州）へ行きました。今回はオーストラリアのオパール鉱山を訪ねました。どちらも鉱山のオーナー直々に誘っていただいて。長年の買いつけで信頼関係があったから誘っていただけたんでしょうね」

気分はいつもトレジャーハンター

　まだ見ぬ色と輝きを求め、世界に一つしかない宝石を探し当てようと、今回、香港とオーストラリアへ向かったマロッタさん。前者は東洋と西洋の文化が融合する街、後者は世界有数のオパール産出国だ。

　「香港は世界中の石が集まる場所、オーストラリアは様々な石が産出される場所。どちらも個性あふれる珍しい石に出会える、気分はいつもトレジャーハンターです（笑）」

　個性的で珍しい石といっても、奇をてらったものを探しているわけではない。ジュエリーに仕立てたとき、そして、それを身に着けたとき、さりげないエレガンスを醸しだしてくれるような宝石。マロッタさんは、自ら選んだ石に独自のデザインと鮮やかなアイデアで、ジュエリーに命を吹き込むデザイナーなのだ。

HONG KONG
中華人民共和国香港特別行政区

香港 *Hong Kong*

南京条約（1842年）で香港島が、北京条約（1860年）により九龍半島の先端が英国領土となり、1997年7月をもって中国に返還された。自由貿易の拠点として、宝石商も数多く存在する。香港インターナショナル・ダイヤモンド・ジェム・パール・ショー、香港インターナショナル・ジュエリー・ショー、香港ジュエリー＆ジェムフェアと、大きな展示会が毎年開かれている。

AUSTRALIA
オーストラリア　　　　　　　ブリスベン

ライトニングリッジ　●　　●ラミントン

●シドニー

世界に一つの宝石

シドニー *Sydney*

オーストラリアの南東部、ニューサウスウェールズ州の州都。積極的に移民を受け入れてきたため、人口の1/3以上は海外出身者。アンティークジュエリーのお店が入っていたクイーン・ビクトリア・ビルディングは、1898年、当時のビクトリア女王即位50年を記念して建てられた。

ラミントン国立公園 *Lamington National Park*

オーストラリアのゴンドワナ多雨林群として世界遺産にも登録された一大森林地帯の一部にある国立公園。170種類の植物、38種類もの動物が生育、生息している。シドニーからブリスベンへ飛行機で約1時間半。ブリスベンから車で約3時間。

ライトニングリッジ *Lightning Ridge*

ニューサウスウェールズ州北部にあるブラックオパールの産地として有名な街。毎年7月に「ライトニングリッジ・オパール・フェスティバル」が行われ宝石関係者、コレクターが訪れる。シドニーからは約770キロ。

世界中から宝石が集まる街・香港へ

香港でルースを買いつける

　最初に訪れたのは活気あふれる香港。日が沈み夜になると、摩天楼はきらめく宝石箱へ様変わり、街全体が色と輝きに彩られるのだ。宝飾店の数およそ1,700店。コンビニの2倍もあるという。

　香港では年に数回「香港ジュエリー＆ジェムフェア」が開催される。香港のジェムショーは世界最大級の展示会であり、アジア最大のマーケットで、今回はそこで知り合ったなじみのルース店での買いつけ。ルースとは、原石をていねいに研磨し、美しくカットした宝石のこと。裸石とも言う。

　九龍半島の住宅街、その一角に宝石の卸売業者が固まっているエリアがある。世界各地から宝石が集まってくる場所だ。

　ルースを選り分けるマロッタさんのまなざしは真剣そのもの。この日のお目当てはレインボームーンストーンとも呼ばれるホワイトラブラドライト。主にインドやスリランカで産出される宝石だ。

　「手や指を少し動かすだけで、光の表情が変わるリングに仕立てたい。鮮やかなレインボーがちらっと見えたり、ブルーの輝きが出たり。そういう変化の見えるルースを探すことにより、さりげなくも、上品さを醸し出してくれるジュエリーになると思っています」

個性あふれる石を一つ一つ選ぶ

　「これも違う、これも惜しいけど違う……」

　判断はすばやい。しかし、合格点をつけるものは少ない。マロッタさんのお眼鏡

香港の最古の道教寺院、文武廟

帽子はいつの間にかトレードマークに

にかなったものは、100以上ものルースの中からわずか4つ。鮮やかな虹色が見えた2つと、白と青のコントラストがあでやかな2つだけ。この日、買いつけたのは、ホワイトラブラドライトのほか、パステルブルーのミルキーアクアマリン、深みのある紫色が魅力のタンザナイトなど、個性あふれる石たちを、納得のいくものだけに絞り込みきっちりと選び抜いた。

通常、天然石を買いつけるほとんどのバイヤーは、数の確保と1石当たりの単価を抑えるため、ロット（ある程度まとまった数）で購入することを条件に価格交渉をする場合が多い。しかしマロッタさんはそれをしない。一つ一つ手に取り、審美眼にかなうものだけを買いつける。

「エメラルドの在庫がなくなっても、本当に美しいと思ったルースに出会えるまでは買いつけません。ですから店頭にエメラルドが並ばないことも、天然石の一点物の商品数をたくさん用意できないこともあります」

マロッタさんの絶対に曲げない信念がそこにある。

大切なのは本当に心惹かれる石かどうか

求めるのは、直感で美しいと感じられ、さらに唯一無二の個性を持った、エレガンスが感じられる石。手に乗せ、リングに仕立てたときをイメージしてみる。

「大切にしているのは、自分自身が本当に心惹かれる石かどうか。インクルージョン（内包物）は、人間で言えばほくろやソバカスのような個性。人間でもそのほくろに色気を感じたりしますよね、宝飾として価値のあるものとされていた宝石だけが愛されるのではなく、そんな色気のある石を自身の目で選んでいきたいです。そして、普段の着こなしに溶けこむかどうか。個人的な好みでもありますが、たとえばエメラルドの場合、いかにも宝飾といった濃い緑色のものではなく、淡い色合いのものを選びます。その分、傷が目立つため、クオリティの良いものを探すのが至難の技なのですが、でもその方が現代のコーディネートに取り入れやすいですし、ジュエリーもファッションの一部ですからね。意識しているのは、ふだん着ている服と、愉しみながら合わせられるかどうかです」

ルースを選んでいくマロッタさん。決断は速い

買いつけたのは、タンザナイト、ホワイトラブラドライト、ミルキーアクアマリンなどなど

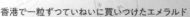
香港で一粒ずつていねいに買いつけたエメラルド

個性的なインクルージョンが"たった一つの宝石"になる

宝石の宝庫・オーストラリアで、
掘り出しモノのサファイアを探す

ブルーグリーンのティールサファイア

　香港を後にし、次に向かったのがオーストラリア。この地で産出されるのは、オパール、ピンクダイヤモンド、サファイア、ジルコン、クリソプレーズなど数十種類。貴重な宝石が広大な大地の下に眠っている。

　街での買いつけではジュエリーのコーディネートにも気を配る。自身の誕生石であるタンザナイトに、紫がかった空のようなオーストラリア産のブラックオパールを合わせ、耳元にはオリジナルのカットを施したブルーカルセドニーのピアスが揺れている。水色のワンピースに3種類の石を同系色でまとめたトーンオントーンのスタイリングでいざ出陣。

　まずはシドニー市内のルース店へ。香港と同じく業者だけが入ることができる卸売の店舗。卸売業者もその業者の集めてくる石の好みやセンスによってまったく違う石が集まる。ここはオーストラリアでジュエリーの職人をしている知人から教えてもらった、とっておきのお店だ。オーストラリア国内はもちろん、世界中から選りすぐりの天然石が揃う。

　ショップスタッフから「今日はどんな石をお探しですか?」とたずねられたマロッタさん、迷うことなく「オーストラリアのサファイアを」と返答。一口にサファイアといっても、産地によってそれぞれ特徴が異なるのだ。オーストラリアのサファイアには、どんな魅力があるのだろう。

　「ここで採れるのは、ティール(鴨の羽色)サファイアと呼ばれるもの。最大の魅力は、ブルーからグリーンがかった、正に鴨の羽のような、美しくて奥ゆかしい色合い。まだ流通量も少ないレアストーンですが、個人的にとても注目している石の一つです。というのも、オパールはオーストラリアが国を挙げてPRしてきたので有名ですが、サファイアが採掘されることについてはあまり知られていませんでした。そのためこれだけ美しく、個性あふれるサファイアがあることを知る人はまだ少ないんです」

　ショップスタッフが届いたばかりだというティールサファイアを見せてくれた。深みのあるきれいな青緑色。でも、深すぎる色は逆にその輝きを鈍くしてしまう、とマロッタさんは冷静だ。しかし、次のルースに目を移した瞬間、歓声をあげた。

パーティーカラーに魅了されて

　見つけたのは、特有の色合いである青と緑がくっきりと分かれたティールサファイア。つづいて青と緑が混ざりあった石も発見。パーティーカラーと呼ばれる逸品だ。

　「一度、この色の重なりに魅了されると、虜になってしまいます。このルースは色が複雑にミックスされているのに加え、光の屈折が起こるファセットカッティングをしているので、どの色がどんなふうに

「どんな石をお探しですか?」「オーストラリアのサファイアを」

買います! 商談成立

本日のジュエリーコーディネート

世界に一つの宝石

パーティーカラーのティールサファイア

知る人ぞ知るジルコン

針状のトルマリンが
ペリドットの中に入っている

重なっているのか、肉眼ではちょっとわからないところが神秘的で美しいですね。素敵な石と巡り逢えて幸せです」

　いい石に出会えるかどうかは時の運。マロッタさん、かなりの強運を持ちあわせているようだ。バイカラーやパーティーカラーだけでなく、さらに個性的な石にも目がとまる。黄緑色をしたペリドットだ。ただし、通常のものとは異なり、石の内部にいくつもの繊細なラインが走ってい

る。ショップスタッフによると、ペリドットの中に針状のトルマリンが入っているのだという。

　「これはすごい掘り出しものですね。オーストラリア産ではないけれど(笑)。買います!」と即決。期待していた以上に素敵な石が見つかった。自らの足で探す旅だからこそ、思わぬ出会いに恵まれるのだ。

大自然の色からインスピレーション！

鮮やかな自然の色に触れて

　雄大な自然に囲まれたオーストラリアの暮らし。宝石はもちろん、この国は鮮やかな色であふれかえっている。シドニーから北へおよそ900キロ。世界遺産に登録されたラミントン国立公園は、「どうしても一度は行ってみたかった」とマロッタさんが熱望した場所。

　お目当ては、オーストラリアでしか見ることのできない野鳥たち。オーストラリアは野鳥の楽園とも呼ばれている。実際、この公園一帯にもおよそ200種類が生息しているそう。マロッタさん、実は大の鳥好きなのだ。

　はじめに目にとまったのは、ビビッドな黄色が愛らしい小鳥。その名もイースタンイエローロビン（ヒガシキバラヒタキ）。
「かわいすぎる、気絶しそう」

　つづいて現れたのは、サテンバワーバード（アオアズマヤドリ）。羽の色はベルベットのような美しい濃紺。メスを誘い込むため、オスが"あずまや"をつくることでも知られている。このときも巣作りの材料だろうか、周りに青いプラスチックゴミが散らばっていた。

　野鳥を見ると、いつもその色に驚くというマロッタさん。
「天然石にしても、野鳥の羽にしても、よくこんな色が生まれてきたなと感心します。自然がつくりだす色合いに心惹かれます」

黄色が鮮やかなイースタンイエローロビン

オスが"アズマヤ"に小枝や青いモノを集めるサテンバワーバード

行きたかったラミントン国立公園

Mission 4

大英帝国がもたらしたオパールの秘密

高度な技術が見られるアンティーク

シドニーへもどり、上質なオパールを使ったアンティークジュエリーがあるというKalmar Antiques（カルマー・アンティークス）を訪ねた。ヨーロッパを中心に100年以上も前のジュエリーを扱う店だ。イギリスが栄華を誇った時代に作られたジュエリーや幾何学的なデザインのアール・デコにいたるまで、さまざまなタイプのジュエリーを取りそろえている。

「私がデザインするものと、ここに並んでいるアンティークジュエリーは、テイストは違うのですが、限られた工具を使って、どれくらい時間をかけていたのかとか、技術的な部分にはとても興味がありますね」

マロッタさんが最初に注目したのは、古い懐中時計に付けられていたチェーン。「制作工程が気になりますね。ものすごく凝っています。チェーンのコマが繋がる部分に細工が施されていて、とても高度な技術が詰まっていますよね」

ビクトリア女王に感謝

次に目にとまったのは、オパールだ。ショップスタッフがオパールについて面白いエピソードを教えてくれた。オパールの魅力は見る角度や光の当たり方で虹色に輝くところ。ただ、そのあまりにも妖艶できらびやかな遊色ゆえに、地獄からもたらされた石だと警戒されていた時代もあったそう。そんなイメージを払拭したのが、19世紀の大英帝国で、半世紀以上、王位についていたビクトリア女王。その美しさに魅了され、好んでオパールを身に着けていたことから、一転して人気の宝石となったという。

「女王に感謝ですね（笑）」

アーケードも美しいクイーン・ビクトリア・ビルディング

世界に一つの宝石

高度な技術が詰まっているチェーン

妖艶な遊色効果が魅力のオパール

オパール・フェスティバル。
ここにしかないオパールを手に入れる

美しい色と輝きこそオパールの個性

　オーストラリアを代表する宝石、それがオパールだ。なにしろ世界で流通している9割が、この地で産出されるのだから。発見は1849年。以後、オーストラリアのさまざまな場所で採掘されるようになった。オーストラリアのオパールは、主に3種類に分けられる。地色が白のホワイトオパール、ダークグレーや黒のブラックオパール、鉄鉱石の合間から切り出すボルダーオパール。

　「何万年もかけて生まれる、様々な遊色と複雑な色の層、一つとして同じ色がつくられることのないこの色の妙こそがオパールの個性だと思っていて。『これ

だ！』と思えるものを探し出せたときの悦びはなんと表現したらいいのでしょう。デザイナー冥利に尽きますね」

　粒子がきちんと並んだ石は、光をきれいに反射し、鮮やかなきらめきを生み出してくれる。また、粒子の大きさによって、紫や緑、赤など、輝く色も変化する。この遊色効果と呼ばれる独特の輝きがオパールの魅力だ。

　マロッタさんの目的は、オーストラリアでしか手に入らないオパールを探し出すこと。シドニーから北へ700キロ。向かうはライトニングリッジ。上質なブラックオパールの産地として知られ、小さな街には専門店が並ぶ。

　毎年7月、4日間にわたり開催される

ブラックオパールだけでも多種多様

ホワイトオパールは
主にサウスオーストラリア州で産出

ブラックオパールは
ライトニングリッジ周辺で産出

「ライトニングリッジ・オパール・フェスティバル」は、この街が最も盛り上がるイベントだ。オーストラリア全土から150もの出展者が一堂に会し、多種多様なオパールが並ぶ。出展者には鉱山の所有者も多く、鉱山のオーナーから直接買いつけができることもあるため掘り出しものを見つけるチャンスなのだ。

それぞれの個性を引き出す

とっておきの逸品を探すのは、そう簡単ではない。とあるオパールを手にとったマロッタさん、じっくり眺めて、溜め息をつく。

「全体的にはとてもきれいなんですけど、表面に大きなクラック（ひび割れ）が入っています。残念ながらNGです」

なかなか気に入るものは見つからない。根気よく地道にチェックを続けていくと、ついに「これだ！」と思えるものが見つかった。

「ブラックオパールとはいえ、ベースが本当に真っ黒なのは珍しいです。漆黒のオパールの中に赤い光がオーロラのようにきらめいて、違う角度からは今度は緑の光が駆け巡る。このようなオパールは日本ではなかなか見ることはできないですね。仕立てたら個性的なリングになりそうです」

岩ごと切り出したボルダーオパールも発見。茶色い鉄鉱石の間から見える透き通ったオパールの美しさは唯一無二。大ぶりなサイズは希少で、ボルダーオパールのように岩を割ってペアになるルースは、ピアスにぴったりとのこと。

「できるだけ削らない方がいいですね。可能な限り石取りを大きくして質感をそのまま活かせば、プリミティブな魅力が際立つと思います」

オーストラリアならではの宝石を手に入れたマロッタさん。その表情はオパールのようにきらきら輝いている。

世界に一つの宝石

大地のマジックを見せてくれる

大きなサイズを活かしてピアスに

リングに仕立てたときを想像する

岩ごと切り出すボルダーオパール。クイーンズランド州で産出

Mission 6

オパールに魅せられて、鉱山へ潜入！

初めての採掘現場は地下9メートル

「ライトニングリッジ・オパール・フェスティバル」で再会したのは蓑田秀一さん。ライトニングリッジで、オパールの採掘と輸出を手がける会社を経営している人物だ。数年前にジェムショーで知り合い意気投合。主要な取引先として、大きな信頼を寄せている。

蓑田さんも宝石の魅力に取り憑かれた一人だ。オパールとの出会いは、大学卒業後に働いた宝石店。20代でオーストラリアに移住し、今では鉱山を所有。自らオパールを採掘する日々を送る。

マロッタさん、以前から誘われていた鉱山へ、ついに同行させてもらうことに。オパールの鉱山を訪ねるのはもちろん初めて。気分は最高潮に盛りあがる。現場で迎えてくれたのはカールさん。オパール掘りのパートナーとして、20年来、蓑田さんと組んできた。

現場への入口は厳重に管理されており、部外者が鉱山に入るには様々なルールや、危険についての同意書にサインが必要。マロッタさんも同意書にサインをして鉱山に特別に入らせてもらう。

採掘しているのは地下9メートル地点。ビル3階分に相当する深さだ。2年がかりで掘り進めたという。蓑田さんやカールさんは長年の勘とハンターのような嗅覚をもって、オパールが埋もれている場所を探りあてる。どうやら、砂岩と砂岩の層

の隙間が狙い目らしい。

良質なオパールが5年間も取れないときもあれば、前の人が手放した鉱山をたった1メートル掘り進めたら良質なオパール層を発見できた人もいたりと、オパールを巡る物語は尽きない。

「一か八かのギャンブル的な職業でもあるわけですが、深い深い地下の世界でオパールを見つけたときは言葉では表現できないような喜びや興奮に満たされる気分でした。これを一度体験してしまうと、魅了されて離れられないと話す人の気持ちがよくわかりましたね」

数百万年もかかって生まれるオパール層を目にし、そこで生まれた数々の物語を聞いたマロッタさん、言いしれぬ感動を覚えたようだ。

宝石の世界はロマンにあふれている

オパール層を見つけたら、オパールを傷つけぬように手作業でていねいに採掘を進める。オパール層が見つかったからといって、大量のオパールが埋まっているわけではなく、そもそも遊色の出る良質なオパールはそう簡単には見つからない。崩落の危険性もある。

「何日も何日も掘っても、オパールが採れないときだってありますよね。それでも掘り続ける。その信念と忍耐強さはすごいと思います」

失望したり焦ったりの繰り返しだと笑う

カールさんには宝物がある。数年前に掘り当てたオパールで、明るい緑色がなんともまばゆい。市場に出せば、数千万円の値がつくらしい。

「宝石の世界って、あらゆる意味でロマンティックなんですよ。採掘する方々には、当然、夢があるし、私たちみたいに最高の宝石を探しもとめる側にしても、見果てぬ夢を追いかけているようなところがある。そして、なにより身につけてくださる方にとって、ジュエリーは、普段の暮らしにロマンを与えてくれる存在。宝石をとおして、かかわっている全員がハッピーになれるって、すごいことだと思いません?」

ひとにぎりの原石だけが宝石に

掘り出した「原石」が、そのまま「宝石」になるとは限らない。実際、原石を削ってみないとわからないのだ。

マロッタさんが訪ねたのは、蓑田さんの

もう一人の相棒、研磨職人のジョーさん。採掘した原石から、遊色効果の出そうなオパールだけを選んでいく。外側から見ると問題はなさそうでも、内側には砂がびっしり詰まっていたりして、宝石になりえる原石は予想以上に少ない。

別のオパールを削ってみる。なかなか素敵な色が出てきたような……。マロッタさんも「美しい!」と期待の表情。だが、削っていくうちに黒みがかった部分が現れた。「この黒い部分は遊色効果が出てないため、これ以上は磨かないそうです。もったいないですが……」

残念そうなマロッタさん。結局、黒の部分はオパール特有のきらめきが見られなかったため、大胆にカット。最終的にジュエリーに使える部分は、掘り出した原石の1/5程度となった。研磨もセンスが問われる。こうした作業をていねいにこなしていくことで、磨き抜かれ、選び抜かれた宝石が生まれてくるのだ。

砂岩と砂岩の層の隙間が狙い目

研磨職人のジョーさん

宝物を見せてくれるカールさん

いつもはスーツ姿の蓑田さんも鉱山では作業着に

石の個性を活かして、
世界に一つのジュエリーにする

最終日に個性的なオパールを発見

　個性的なオパールを探し続けたマロッタさん。「ライトニングリッジ・オパール・フェスティバル」最終日に出会ったのがピクチャーオパールだ。これは異なる色のオパール層が重なって生まれたもの。絵画のような模様を備えていることから、そう呼ばれている。

「海の風景を思わせるものもあれば、火山のような光景もある。どの石も素敵。見る人によっていろんな捉え方ができる。そこが魅力です」

　さらにフェスティバル終了間際、ユニークで美しいオパールとの出会いがあった。一見すると、青と白のバイカラーのようだが、実はカッティングに工夫を凝らして

いた。マロッタさん、ひとめ見ただけで心が動いた。

「白く見える部分があるのはオパールの間に母岩を残しているから。クリスタルオパールの透明さを活かして、あえて母岩が透けて見えるよう、計算したうえでカットしている。さりげない遊び心を感じますね。こういう石に出会うと、幸せな気分になります」

　世界にたった一つしかない石に巡り逢い、デザイナーとしての創作意欲をかきたてられる。そこにこそ、買いつけの喜びがある。

石の魅力を最大限に際立たせる

　日本に帰国したマロッタさん、さっそく

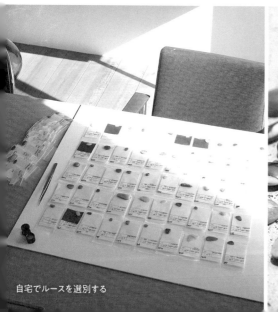

自宅でルースを選別する

今回買いつけたオパール

ショップに隣接する工房

ボルダーオパールのピアス

赤い炎のようなブラックオパール

石のお尻の部分が見えるリング

まるで絵画のようなピクチャーオパール

バイカラーのティールサファイア

ジュエリーの制作にとりかかる。まずは
ボルダーオパールから。買いつけの段階
からピアスに仕立てようと構想を練って
いたルースだ。魅力をどんなふうに見せ
ていくか、検討を重ねる。

「石の個性を、最大限、引きだしてあげ
たい」

　ボルダーオパールは2種類のピアスに
生まれ変わった。どちらも鉄鉱石ごと切
り出した佇まいを活かし、プリミティブな
印象を強調している。もちろん優美さの
演出も忘れてはいない。

　つづいて制作したのはブラックオパー
ルを使ったジュエリー。オパールの美しさ
を際立たせるため、デザインはとことん
シンプルに。リングの腕にはオリジナル
の縄模様を取り入れ、シックでクラシカ
ルな雰囲気をつくりだしている。

「『talkative NUDE SETTING RING』
というのは、石のお尻のあたりは極力地
金で覆わず、石がたくさんの光を取り込め
るような仕立てにしています。リングをは
めた指のあたりに、やわらかな光がうっ
すら透過するのもきれいです。透き通っ
たオパールの場合も、光の入り方によって
まったく色が変化して見えます」

　川上から川下まで。つまり、土埃にま
みれた採掘現場から、ファッションを彩
るジュエリーの制作まで、マロッタさんは、
一貫した姿勢で石と向き合っている。

「好奇心の趣くまま、海外の買いつけに
行くと、うれしいことに、鉱山の方と知り
あう機会も増えてくる。実際の作業を見
せてもらうと、これがどんな石なのかとい
うバックボーンを知ることができるんです
よね。できあがったジュエリーを、その
バックボーンと共にお客さまにお届けし
たい。あらためて考えるとなんて幸せな
仕事なんだろうと思います」

ジュエリーデザイナーを目指すまで

父からもらったパズルリング

子供のころは、ジュエリーというより、ファッション全般に興味がありました。洋服も小さなころから自分で選んで着ていましたし。自分が「これだ！」と感じたものをきちんと選ぶという点では、石を探すことと共通していたのかもしれません。

ジュエリーとの出会いは、中学生のころ、父から海外のおみやげとしてもらったパズルリングです。4つのパーツを組み合わせると、それが1つのリングになるという仕掛けで、リングのデザインも美しかったし、パズルの構造も興味深かった。あのワクワクした感情は記憶に強く残っています。

私があまりにも喜んでいたので、その様子がうれしかったのでしょうね。父が出張の度にプレゼントしてくれて、気がつけばコレクションができるくらいの数になりました。今思えばこのころからジュエリーに魅せられていたのかもしれません。

幼少時代から高校生までバレエを習っていたのですが、踊ることを楽しみながらも、バレリーナより、舞台美術の仕事に魅力を感じ始めていました。母が美容師だったこともあり、将来、仕事をするならなんでもよいから "手を動かす仕事" がいいなと、自然と思うようになっていました。

父からもらったパズルリング

大学受験を控えて進路に悩んでいたとき、友人から「マロッタは、絶対にクリエイティブな仕事をしたほうがいいよ！」と断言されて（笑）、美術を学ぶことを決意。そこから本格的にものづくりへの道のりがスタートしたという感じです。

ジュエリーカレッジに入学

美術の大学に進学し、平面構成やコラージュが得意だったこともあり、グラフィックを専攻しました。学生時代は大学の授業のかたわら、東急ハンズのアクセサリー売場に入り浸って、ハンズの職人さんに教わりながらオリジナルのジュエリーを作ったりもしていました。本当に素人が作ったジュエリーなのですが、作っては友人にプレゼントしていました。友人がそれを喜んで身に着けてくれたことがうれしくて、今でもとても印象に残っています。

大学卒業後はデザイン事務所に就職しグラフィックデザイナーとして勤務しました。パソコンを前に忙しく過ごす中で、ふと大学時代に趣味でのめり込んでいたジュエリー作りと、友人にプレゼントしたときの幸せな記憶が頭をよぎり、ジュエリーのことが頭から離れなくなりました。そして、ジュエリーデザイナーになることを決意しました。

そこからは、自分でも驚くほどのフットワークの軽さで、ジュエリーの専門学校へ進学するための学費を貯めながら、夢に向かって突き進みました。

ジュエリーの専門学校へ再入学してからは、大好きなジュエリーのことを本格的に学べることが本当にうれしくて毎日必死で勉強しました。

日常に取り入れられる、上質なジュエリーを

ファインジュエリーでカジュアルなものを

　ジュエリーの専門学校卒業後は、大手メーカーでジュエリーデザイナーとして勤務し、プラチナやゴールドなど、さまざまな素材のジュエリーの企画に携わりデザイナーとしての経験を重ねました。

　入社してすぐに、石に詳しく、石が大好きだということが社長の耳に入り、ツーソンのジェムショーの視察メンバーに選んでいただきました。宝石学の先生から、何度も話を聞かされていた憧れの場所だったので、とても貴重な経験でした。ところが、バックパックひとつで出かけてしまい、新人の私が持って帰るべき大量の資料を入れるカバンがなく、上司に持ってもらったという、痛恨のエピソードもありました（笑）。

　2008年、日本の量産向けのジュエリーと海外で見るアートジュエリーの間のようなファインジュエリー（素材にゴールド、プラチナなどの貴金属や宝石を用いたジュエリー）でありながら、カジュアルに身に着けられる、そんな隙間のカテゴリーになるようなジュエリーブランドをつくりたいと、独立を思い立ちました。同じ目標を持っていた専門学校の友人と二人でトーカティブの前身となるブランドを設立、30歳の時でした。

量産ではなく、一点物だから価値がある

　独立したてのころ、一点物のジュエリーを扱うブランドはあまりなく、一点物の石は私個人のコレクションでしかなかったんです。ブランドを立ち上げて2年ほど経ったころ、ジュエリーのバイヤーさんに石について熱く語ったところ、「プロダクトにすべき！」と。そして、アッシュ・ペー・フランスで初めて一点物の天然石ジュエリーのトランクショーを行いました。それがきっかけとなり、つぎつぎと仕事がつながっていきました。このと

ツーソンジェムショー

ハーキマーダイヤモンドクォーツの母岩

ローズクォーツの原石

ハーキマー鉱山で

き気がついたのは、一点物の石の魅力を私自身が一番わかっていながら、量産の制作方法に囚われていたということでした。

世界に一つしかない石は、唯一無二だからこそ価値がある。その個性を最大限生かしたデザインをすることが私のやるべきことなんだって。

もう一方で、グラフィックデザイン出身の私がもっとグラフィカルなデザインを、石で表現できないか、とも考えていました。商品化するまで約1年かけてできたのが、スティック状のピアス「STICK」。日本古来の同擦り（天然石と地金を一緒に削り出す技法）を使っています。さらに、伝統的な海外の文様をモチーフにして、アウトラインの構想を練りに練ってできたのが「CREST」というピアス。こちらも商品化に約1年半かかりました。

どちらも型を抜くわけではなく、職人が一点一点手作業で仕立てていきます。高度な技術をもった職人なくしては、トーカティブのジュエリーは生まれません。

2011年、一緒に立ち上げた友人が育児に専念することになったタイミングで、会社の形態を変えて、株式会社シャベルとし、ブランド名をトーカティブと改め、今の形になりました。

職人やスタッフと会話を紡ぎながら

株式会社シャベル……そして、トーカティブという名のとおり、職人やスタッフと"会話"を紡ぎながら、ジュエリーを仕立てています。

2018年はブランド誕生10周年。それを期に、表参道にアトリエ兼ショップをオープンしました。ブランドの世界観を、直接、伝えるための場所です。ブランドカラーはレモンイエロー。植木屋さんが「だったらミモザを植えましょう」と正面玄関の横に植えてくれて、春には黄色の花が咲きます。扉を開ければ半円を描いた黄色のソファーがお出迎え。理想的な環境になりました。

このほか、伊勢丹新宿店やバーニーズニューヨーク銀座本店などでも手に取っていただくことができます。国内各地のセレクトショップでトランクショーも行っています。ありがたいことに、毎年このイベントを楽しみにお待ちくださっているお客さまが全国にいらっしゃいます。

BUYER'S HISTORY

ジュエリーに託した思い

顔が見える距離でできること

2019年からラスベガスの「ザ・クチュール・ショー」にも出展。これは世界最大級のジュエリーショーとも言われていて、出展者の顧客としてハリウッドスターやセレブリティの名前が並ぶような、権威ある展示会です。ブランドとして無事に10周年を迎えることもできましたし、こうしたショーへの参加を足がかりに、また次のステップへと、新たな目標を掲げて邁進していこうと思っています。

ところが、2020年は世界的なコロナ禍に見舞われ、海外への買いつけどころか、春にはリアル店舗での対面販売すら危ぶまれる状況になりました。通常はオンラインでは販売しない一点物もオンライン限定販売を企画。スタッフ全員で試行錯誤して対応できたのは、大きな経験となりました。

今、トーカティブは、みんな"顔が見える距離"で仕事をしています。ブランドとして世界観を共有したり、クオリティを維持したりするうえでも、実はこの距離感をとても大事にしています。スタッフ一人一人の人となりはもちろん、誰が何をやっているのか、全員がそれぞれの作業を把握している。しばらくは、この規模感で、仕事を続けていきたいと思っています。

そうそう、オーストラリアの蓑田さんから「マロッタさんが好きなオパールをイメージしてカッティングしてみました」と連絡があったのもうれしかった。オーストラリアを訪れた際にたくさんお話できたこともあり、これまで以上に私の好みを理解してくださり、選りすぐりのオパールを送ってくれたんです。北半球と南半球、遠く離れてい

るにもかかわらず、気持ちが通じあっていることに、強く勇気づけられました。

ジュエリーは必需品ではなく、いわゆる贅沢品です。でも、だからこそ、ジュエリーを身に着けることで、気持ちが晴れやかになったりときめいたりする。ジュエリーが、身に着ける人のライフスタイルやファッションを彩る大切なパートナーであってほしいと思っています。

蓑田さんが送ってくれたオパール

バイヤー旅についての10の質問

❶ 初めて仕事で行ったのはいくつの時、どこでしたか?

ジュエリーメーカーで入社してすぐの27歳の時、同行させていただいたツーソンジェムショー。毎年、アリゾナ州ツーソンで開催されている世界で一番大きいとされるイベントです。

❷ 仕事では年にどのくらいの頻度でどんなところに行きますか?

年2〜3回くらい。香港とツーソンのジェムショーは必ず。その他にはニューヨーク、ラスベガス、オーストラリアなど。

❸ 旅に必ず持っていくものは何ですか?

ルーペと、宝石を小分けにするジップ付きの透明な袋。あとは帽子。もともとファッションとして帽子をかぶることが多かったのですが、いつのまにかトレードマークみたいになってしまって。買いつけ先や取引先から"いつも帽子をかぶっている子"と目印にされています(笑)。

❹ 準備で欠かせないことは何ですか?

今手元にあるルースを確認して、どの店舗、ブースに立ち寄るかなど、買いつけのスケジュールを組みます。ジェムショーはとても広くて、弾丸出張も多く、数日では回り切れないため、計画を立てて迅速に決断できるようにします。

❺ 現地について一番最初にすることは何ですか?

とにかく石を見る。ほぼそれだけと言っても過言ではない(笑)。素敵なものがないか、ひたすら探すのみ。

❻ もっとも過酷だったバイヤー旅のエピソードを一つ、教えてください。

海外出張の際、その国の生地屋に立ち寄りジュエリーボックスの生地を探すのですが、それが重くてかさばる。重量オーバーで没収されそうになったことも。メインの石は小さくて軽いのですが、サブアイテムの買いつけが意外と重労働となっています(笑)。

❼ もっとも幸福だったバイヤー旅のエピソードを一つ、教えてください。

オーストラリアのオパール鉱山。鉱山の中も至福でしたが、オーナーの蓑田さんのご自宅に招かれたこと。たくさんお話ししながら、リビングでゆったりとオパールを買いつける。贅沢な時間を過ごさせていただきました。

❽ 外国で仕事をするのに大事なことは何ですか?

体調管理。毎日、元気で動けることはとても大事。

❾ 今すぐにでも行ってみたいところはどこですか?

オパールは種類によって鉱山の形式も異なるので、オーストラリアのボルダーオパールやホワイトオパールの鉱山に行ってみたいです。スリランカや、マダガスカルなども魅力的ですね。

❿ 駆け出しのころの自分に言ってあげたいことがありますか?

ロットで買いつけないため、海外のディーラーからは何時間も選んでこれだけしか買わないの? と思われることが多々ありました。でも10年以上もそうしていると理解してくれる方々が多くなり、好みのオパールをカットまでしていただけるようになりました。「自分の感覚や美意識はそのまま信じて貫き通してよかったよ」と言ってあげたいですね。

世界に一つの宝石

マロッタ忍 *Shinobu Marrota*

美術大学卒業後、グラフィックデザイン会社にてデザイナーとして勤務。ジュエリーデザインを学んだのち大手ジュエリーメーカーに就職。2008年、自らが代表を務めるジュエリーブランドtalkativeを設立する。

写真協力:トーカティブ(talkative)　　photo:広川智基　　text:大城讓司

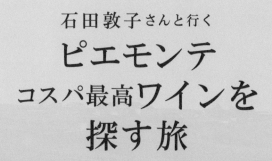

石田敦子さんと行く
ピエモンテ コスパ最高ワインを探す旅

「ワインは人そのもの。1本のボトルを通しての出会いは本当に豊か」と語るのは、ワイン専門商社のエノテカのバイヤー、石田敦子さん。訪れるのは、ワイナリーが点在する美食の地、イタリア・ピエモンテ。老舗ワイナリーや若い生産者が造るコスパ最高ワインを探して、石田さんの旅が始まる。

Mission of Buying

ピエモンテで
コスパ最高のワインを探す

有数のワインの銘醸地ピエモンテ

　イタリア北部のピエモンテは、世界でも有数のワインの銘醸地だ。フランスとスイスに接し、アルプス山脈の麓にある。年間平均気温は13度。湿度は低く、夏もカラッとしていて過ごしやすい。3千年とも言われる、ワイン造りの歴史に支えられた景観は世界文化遺産に登録されている。食材の宝庫でもあり、名物の高級食材、白トリュフは100グラム10万円を超えるものも。

　人々が美酒と美食を愛するこの街で、4,000円以下のコスパワインを探すのは、大手ワイン専門商社・エノテカのバイヤー、石田敦子さん。2015年ころからピエモンテの生産者開拓に力を入れているという。

　「伝統ある有名な産地で品質は確かですが、世界中で取り合いになって値段の高騰が止まらない……とまではなっていないので、まだまだ"掘り出しモノ"感満載の場所です。大量生産できる大手ブランドより、中小規模の生産者が多いのも特徴で、山あいの土地ならではの、生産者さんごとの個性が出るんですよね」

　ピエモンテワインの魅力を語るのに欠かせないのが、この地ならではのブドウの固有品種。赤ワインでは、バローロやバルバレスコに使用されるネッビオーロ、地元で人気の高いバルベラ、果実味の豊かなドルチェット。白ワインは固有品種のアルネイスをはじめ、国際品種のリースリング

やシャルドネなどバラエティ豊かな品種が育てられている。

　石田さんとワイン生産者との商談は、収穫や仕込みで多忙な春～秋を避け、じっくり話すことができる冬に行われることが多い。1月に出発した今回の旅では、ワイン市場が盛り上がるその年の秋冬の目玉商品はもちろん、樽の中で3年ほど熟成された「新ヴィンテージ」も買いつける予定。有名なバローロやバルバレスコというワインが生み出される銘醸地だけに、1本数万円もするワインがごまんと居並ぶ中、味も価格も納得の、お値打ちワインに出会うことはできるのか!?

　「日常的にワインを飲む文化が根付いているので、特別な日のための高価なモノだけでなく、毎日飲むデイリーなワインというのが必ず造られているんです。4,000円くらいまでの、ちょっとしたときめきが得られるワインがあるはず」

　そう読む石田さんと一緒にミラノの空港に降り立ったのは、エノテカ会長の廣瀬恭久さん。1988年に同社を設立、日本にワイン文化を広めた立役者だ。ボス同行はやりづらいのかと思いきや「楽しんで仕事しています(笑)」と石田さん。

　ミラノから車で2時間、アルプス山脈が見えてきた。巡るのは、ブドウ畑が連なる南部の丘陵地帯。10日間、17生産者による約200種のワインを飲みくらべる、お値打ちワインの旅。まずは成功を祈願して乾杯！

※文中の価格は日本での店頭販売予定価格になります。

ピエモンテ *Piemonte*

イタリアの北西部に位置し、フランスとスイスの国境に接する州の一つ。サヴォア公国の"都"として、宮廷文化が色濃く残り、歴史的建造物も多く存在する。州都は冬季オリンピックが開かれたトリノ。特産品の白トリュフ、バローロやバルバレスコなどの有名な赤ワインを産出、美食地帯として名高く、スローフード運動の発祥の地としても知られる。州の南部のランゲ・ロエロ・モンフェッラートと呼ばれる丘陵地帯のブドウ畑の景観は世界遺産に登録されている。バローロでは5つの村、バルバレスコでは3つの村に有名ワイナリーが点在している。ピエモンテーゼと呼ばれるピエモンテ人は、シャイで勤勉、保守的ではあるが、人懐っこく心優しい。ミラノからは、高速列車でトリノ、トリノからピエモンテ州の中心アルバまで電車で約4時間弱。

103

お得感のあるモスカートの
甘口ワインを探す

Saraccoワイナリー

モスカートはマスカットのこと

当主のパオロ・サラッコさん

フルーツやデザートと相性がいい

手頃で特別感のある泡モノ

　最初に訪れたのは、2018年のクリスマスに大ヒットしたワインを手掛ける取引先、Saracco（サラッコ）。「モスカート・ダスティ」と呼ばれる微発泡の甘口ワインのトップ生産者だ。"モスカート"とは、イタリア語でマスカットのこと。透明感あふれる液体に、フレッシュな果実味と優しい甘味が口いっぱいに広がる。スイーツとも相性抜群ということで、ピエモンテ特産のヘーゼルナッツをふんだんに盛り込んだケーキと一緒にいただく。

「アルコール度数もちょっと控えめなので、ビギナーの方とか、ワインを普段召し上がらない人にもすごく親しみやすい微発泡ワインです」

　石田さん、ひと口試飲するなり、笑みがこぼれる。

「ビギナーの方だけでなく、辛口好きの方や飲みなれた方でも、時々こういう甘いものを1杯飲む幸せってあるんですよね。これが土曜日に1本あるだけで、サラダやちょっとしたフルーツ、パンケーキなどを並べれば、特別なブランチになりそう」

　味わいながら、飲む人のシチュエーションを細かく想像していくのが石田さん流。こちらは1本2,000円ほど。販売時のアプローチ方法もバッチリつかむことができた。

老舗ワイナリーの挑戦を試飲する

老舗の新しい試みは熟成用の壺

　次にやってきたのは、伝統ある老舗ながら、常に新しい取り組みに挑戦しているワイナリー、Massolino（マッソリーノ）。石田さんは、ここで使用している熟成用の壺に目を留めた。古代ローマ時代に使われていたアンフォラという陶器素材の壺。ブドウ本来の風味が活かせると、最近話題になっているのだ。

「ピエモンテではこれまで誰も使っていませんでした。そのため挑戦してみたかったんです」

　4代目当主、フランコ・マッソリーノさんの言葉にも、このワイナリーの姿勢が表れている。試飲することになったのは、2017年に仕込んだ最新ヴィンテージの白ワイン"リースリング"。

「甘すぎず辛口でとても軽やかな味わいだと思います」とすすめるマッソリーノさんに、石田さんは慎重に言葉を選び、返していく。

「もうちょっとミネラル感がほしいかも……値段が安くなるなら興味があります」

「まさか？ ありえません」

　石田さんは、味と価格が見合っていないと考えた。

「4,000円近くなる、高い理由がそこにはなきゃいけなくて。面白い試みなんですけれども、違うかなと思いました」

　残念ながら、交渉は成立ならず。

「弊社の中で居場所を探してあげたい、とは常に思っています。ただ日本のお客

新しい試みにも意欲的! 陶器の壺アンフォラで熟成

グリッシーニもピエモンテ生まれ

Massolinoはセッラルンガ・ダルバ村でバローロの伝統を守る造り手

コスパ最高ワイン

さまが他のワインと比べられたときに選ぶ理由はマストなので。それは正直にお伝えするようにしています」

　やはり、ほしいモノはそう簡単には見つからない。

名門ワイナリーで
バルベラ種の
ワインを探す

職人的な生産者が多いピエモンテで
世界基準のワイン造りをするプルノット

造り方の異なる3つのバルベラ

　1904年創業の名門ワイナリー、Prunotto（プルノット）が新しいワイン造りを始めると聞いて訪問した石田さん一行。ブランドマネージャーのエマニュエル・バルディさんが出迎える。

　「今 "バルベラ" の質を上げようと力を入れています。収穫量をあえて減らし、ブドウの凝縮感をアップさせようと試みているのです」

　バルベラとは、ピエモンテの固有品種の一つ。高級品種であり、発育条件を選ぶネッビオーロに比べて親しみやすい味わいで、栽培しやすく、収穫量も多い。そのぶん、値段も手頃なものが多い。ただし、この地では多くの生産者が安定供給を見込めるバルベラを造っているので、選択眼も鋭くする必要がある。この日は、造り方の異なる3つのバルベラのワインを飲み比べた。

スラヴォニア産のオーク樽で熟成

　「1番目が南向きの畑からとれたブドウを使っていて酸味が弱くまろやかなのに対し、2番目はもっと凝縮感があります」とバルディさん。2番目に使っているのは、標高500mの畑で育てたブドウ。寒暖差が大きく、凝縮感が増している。そして3番目は、2年半、長期熟成させたもの。石田さんのジャッジは？

　「1番目が2,000円台前半くらいですね。2番目が3,000円台ぐらい。3番目はたぶん5,000円になっちゃいます」

3種類の異なるバルベラのワインを試飲

初めてバローロの「単一畑」でワインを造った

寒暖差が大きく凝縮感のある2番目

2番目の「ピアン・ロムアルド・バルベラ・ダルバ」の仕入れを決めた石田さん。

「最近は温暖化でブドウが熟しやすくなっていて、品種によっては甘ったるくボテッとした味になることがあるんです。なので日射量の多い温暖な畑より、冷涼な畑のほうが酸がきれいに出てピシッとした味になる。その進化をこのワインが表現してくれています」

強くたくましいバルベラ品種も、時代に合わせた変化があるのだ。

ワインが人々のカロリー源だった

発掘したワインを地元ではどんな料理に合わせているのか。石田さん一行はつづいて有名リストランテにリサーチに向かう。提案されたのは、ソースのないゴッビと呼ばれるラビオリ。中には豚、仔牛、そしてうさぎの肉が入っている。バルディさんから、この土地ならではの食べ方も教えてもらった。スプーンにワインを注ぎ、そこにゴッビを浸して一緒に食べる。トライしてみた石田さんは「風味が広がる!」と大きめのリアクション。バルディさんは続ける。

「昔はワインが人々の主なカロリー源だったんです。ワインとパスタでエネルギーを摂取していました。現在のような芸術的な飲み物というよりも、むしろ"食品"だったんですよ」

新鮮なアッビナメント(=マリアージュ／食とワインの相性)に、"安定枠"だったバルベラの可能性を見た石田さん。

「バルベラを見る目がどんどん変わります。トマトソースにも合いますし、まさに無敵です!」

ソースのないラビオリ・ゴッビ

その昔、ワインがエネルギー源だった

ワインに浸して……うまい!!

コスパ最高ワイン

冬の出張に必需品の長靴

熟成は大樽で

高級赤ワインに使われるピノ・ノワール

4代目当主のアルフィオ・カヴァロットさん。ナチュラルな造りを実践する

「面白いチャレンジ」と石田さん

ピノ・ノワールから造った
白ワインと出会う

変わり者の生産者が造る白ワイン

　1月ともなると、北の地らしくしんしんと降る雪に見舞われることも。バイヤー旅の必需品でもある長靴で雪をサクサクと踏み進む石田さんは、「アーティスト系」と形容するアルフィオ・カヴァロットさんを訪ねる。研究熱心で、ときに変わり者とも評されるワインメーカー Cavallotto（カヴァロット）だ。

　カヴァロットさんが造っているのは、バローロをはじめとした10種類のワイン。生産本数は少ないが、他にはないユニークなワインを手掛ける。石田さんに飲んでみてほしいワインがある、とボトルを見せる。ラベルには Pinner（ピネール）と記されていた。

　「これは"ピノ・ノワール"ですが、変わった造り方をしています」

　使っているブドウはフランスで高級赤ワインやシャンパーニュに用いられるピノ・ノワール。カヴァロットさんはそれに白ワインの醸造法を用いているのだ。

　「ブドウを圧搾するとき、とても優しくプレスするため、果汁が白っぽくなります」

　わずかにピンク色がかった、白ワイン。生産本数は6,000本と少量だが、素材の良さを大切にするカヴァロットさんらしい新機軸。石田さんの評価は？

　「とてもおいしい。ベリー系の果実味もしっかりありますし、ミネラル感もあるので。飲みごたえもありますし、面白いチャレンジだと思います」

　どんな食事にも合わせやすい味で、とくに和食の出汁と相性がよさそうだ。石田さん、その場で価格の検討に入る。

　「私たちが値付けするとしたら、3,500〜4,000円の間ですね」

　石田さんの長靴を見たカヴァロットさんは、畑も案内してくれた。畑での石田さんの表情は明るい。

　「ピノ・ノワールのいい酸味をいちばん活かせるのは何だろう、と考えて行き着いた結果の白ワインは、素材ファーストのカヴァロットさんらしい選択。白ワイン造りは、バローロと違ってルールが全然ないから自由に研究できますし、こんなアプローチがあるんだ！ってピピッときました」

カスティリーオーネ・ファレット村最高峰の生産者

除草剤を使わないため、草が生い茂っている

無名の生産者が造る
唯一無二のワインを発見!

現在のピエモンテで最高のネッビオーロ

　石田さんが訪ねるのは、ワインメーカーばかりではない。地元で知られるソムリエにはいいワインの情報が集まっているので、短期間で情報収集したい出張時には頼りになる存在だ。この日の夜は、さらなるお宝を求めて、ソムリエのジャン・ピエーロ・コルデールさんがお母さんと経営する老舗レストラン、Il Centro（イル・チェントロ）にやってきた。

　地下のワインセラーに案内されると、そこにはピエモンテ中から集められた、見たこともない極上のワインが多数眠っていた。歓喜に沸き立つ石田さん、くまなく見て回る。コルデールさんにこの地域で最近のおすすめの生産者を尋ねると、あるボトルを出してきてくれた。

　「これはとても質の高い赤ワインです。ブドウはバローロと同じ"ネッビオーロ"を使っています。2016年に仕込まれたもので、この生産者が最初に造ったワイン

です。おそらく現在のピエモンテでも最高のネッビオーロです」

　高級ワインに用いられるネッビオーロを使っていながら、ラベルにはただの「Vino Rosso（赤ワイン）」の文字のみ。これは、イタリアンワインの格付けで最も低いランクを指す。グラスに注がれると、きれいなルビー色。そのおいしさに、石田さんはサムズアップ。予想以上に繊細で優しい味だ。だがコルデールさんは、この品はもう売り切れており、来年まで手に入らないだろうと言う。諦めきれない石田さんは、無理を言って造り手に会わせてもらうことに。

限定1,488本のワインがほしい!

　現れたのは、ニット帽のカジュアルな姿のレナート・ヴェッツァさん、まだ31歳という若き醸造家だ。祖父の代から続くブドウ農家で、有機農法で育てたブドウを他のワイナリーに売ってきた。

ため息がでるワインセラー。
ちなみにエノテカ＝ワイン蔵の意

格付けではもっとも低い
「Vino Rosso」だったが……思わずサムズアップ

レナート・ヴェッツァさんのワイナリー

有機農法を実践。夏にはアヒルが働く

「幸運なことに私の畑はこのプリオッカ村で最も高い丘の上にあるんです。360度、あたり一面ひらけているんですよ」

　保水性の高い土壌で、軽やかなワインに仕上がると言う。20代の前半は目的もなく国外を転々としていたレナートさんだが、帰国後、ワイン造りに挑戦しようと思い立った。

「自分が受け継いだこの土地に何か価値を与えることがしたかったんです。もうこの世にはいませんが、祖父を喜ばせたいと思ったんです」

　初めて造ったワインはブリッコ・エルネストと名付け、ラベルの中央に祖父の姿を描いた。1,488本と限られたこの品を、石田さんは是が非でも得たいと粘る。

「あなたのワインは、あなたの知らない国、日本の人々の心にも届く味です。一緒に届けてみませんか? 彼(コルデールさん)が買い占めているんでしょう?」

「720本持ってるって聞いたよ」と廣瀬会長。

　2人の視線が同時にコルデールさんに向けられると、彼は両手を上げた。

「わかりました。私が持っているものをお分けしますよ」

　無名の新人が無名の地で造っているのでそこまで高くはない。まさに掘り出し物を発見したのだ。

「価格は4,000円オーバーだけれど、こんな素敵な発見があるんだ! という、夢に投資する感じです。ワインの世界における未知の可能性を、あらためて感じました」

コルデールさん(左から2番目)の表情が……

商談成立!

祖父を描いたラベル

Mission 6

ワインは人そのもの。
人との出会いがワインをつなぐ

ワインは人そのもの

「バイヤーの仕事の魅力は、人との出会い」と石田さんは言う。若い女性の造り手、カルロッタ・リナルディさんは今回どうしても会っておきたい人物だった。古典派の巨匠と呼ばれた父ジュゼッペ・リナルディさんの跡を継ぎ、姉・マルタさんと2人でワインを造っている。しかし、生産本数が少ないため、彼女との契約を待つバイヤーのリストはとても長い。そんな"人気者"のリナルディさんとの縁をつないでくれたのは、石田さんがブルゴーニュで懇意にしている別の生産者だった。

「私たちがどれだけ彼女のワインを愛しているか、その人に伝えてもらったんです。『真面目に取り組んでる人たちだから会ってあげて』と言ってもらえて、このアポが実現しました」

すぐに契約できないことはわかっている。それでも、彼女に会っておきたい。

「彼女のワインには、その人柄も出ているんです。自然で美しくて、彼女そのもの。1本のボトルをとおして出会う人たちが多くて、その出会いが本当に豊かなんですよね」

ピエモンテの巨匠と食べる絶品タヤリン

長年の取引先、Gaja（ガヤ）のアンジェロ・ガヤさんとは、ピエモンテに行けば必ず会食をする。ガヤさんは"ピエモンテの帝王"とも呼ばれる大御所で、イタリアワインの女王、バルバレスコを世界に広めた立役者。イタリアのワインガイドブックで最も多くの最高評価を獲得している。ガヤさんと行くお店はいつも決まっている。そこでピエモンテを代表する手打ちパスタ、タヤリンをすすめられる。

目にも鮮やかな黄色が特徴的なタヤリンは、小麦1キロに対して20個の卵黄を使う。かつては赤ワインを造る際に、ワインの清澄化（ワインの透明度を上げること）のために大量の卵白を使用したことから、余った卵黄を有効活用する方法が生まれた。麺を茹でたら、あとはバターとからめるだけ。

「最近は、創作的な料理より、ピエモンテの郷土料理に関心があるんだ。この土地の歴史やルーツにスポットを当てたモノだよ」とガヤさん。最後にトリュフをたっぷりかけるのが帝王のお気に入り。タヤリンはもちろん、郷土料理すべてのおいしさに、石田さんも「毎日通いたい」とぞっこんに。

注目の若い女性の造り手、
カルロッタ・リナルディさん（中央）

古典派の巨匠といわれた
父・ジュゼッペさんの跡を継いだ

ピエモンテの帝王、アンジェロ・ガヤさん

卵黄たっぷりの黄色いパスタ

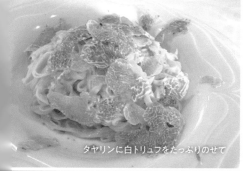
タヤリンに白トリュフをたっぷりのせて

ワインを壁に入れる習慣

　ある取引先との会食では、大きなサプライズが待っていた。ランチの終盤、石田さんが、見せられた瓶に驚嘆の声を上げる。

「1971年の！？」

　古くて希少なワインだからでもあるが、それだけではない。家族の大切な宝物だと食事の前に訪ねていた彼らのワイナリーで聞いたばかりのワインだったからだ。というのも、3年前、古いセラーを取り壊したとき、壁の内側から1970年代のワインが24本見つかったという。今は亡き祖父が残してくれたものだとエンリカ・スカヴィーノさんは語る。

「この地方には新しいセラーや家を建てるとき、ワインを何本か壁に埋めておく伝統があります。そうすることで未来永劫続く幸せを祈るのです」

　そんな貴重なワインを味わいながら、石田さんは「う〜ん！」と瞳を輝かせ、再びグラスに目を戻す。

「これこそ、ワインが持つ美しさです。ワインを愛するあなたたちと飲みたかった。1本のワインを分かち合うことで最高の友情が築けます」

　そんな言葉をかけられての乾杯。ワインがあると、みんなが笑顔になる。

いつかまた、こんなふうに

古いセラーの壁から出てきたワイン

ピエモンテのブドウとワインの基礎講座

高級ワインを決めるポイント

　お値打ちワインを探す旅ではあるが、ピエモンテの最高級ワインと言えば、"イタリアワインの王"バローロが君臨する。ヨーロッパの王侯貴族に愛された、芳醇な香りと味わい。高いものは1本数万円はする。"イタリアワインの女王"と呼ばれるバルバレスコもまた高級品。両者とも、この土地最高の土着品種、ネッビオーロ種から造られる。

　ネッビオーロは繊細な品種で、生育や収穫が難しいが、ピエモンテならではの環境にうまく適応した。山から風が吹き下ろし、夜は冷え込む寒暖差の大きい気候がブドウの糖分を高めてくれる。

　高級ワインを決め手となるポイントは【気候】【土地】【生産者】の3つ。

　たとえば同じ山でも、斜面が南向きだと日射量が多くていい畑とされてブドウの価格が上がる。ところが裏の北側は日射量が少ないのでネッビオーロのような品種は難しい。土壌の水はけも糖度を左右する。

　その土地の特徴を活かす品種と、その品種を活かす製法で、無限の組み合わせが生まれる。そこが造り手の腕の見せどころだ。毎日のように畑に通い、ブドウの状態を見極める。栄養を集中させるために間引きを行い、味を凝縮させることもある。なかには房の8割を切り落とす造り手もいる。バローロは、樽熟成が最低でも3年2カ月と定められるなど、生育や醸造に詳細な規定を設け、品質を管理。ネッビオーロの良さを最大限に活かすことで、高級品たり得ているのだ。一方、バルベラはネッビオーロほど気難しくはなく、親しみやすいワインに

世界文化遺産に指定された丘陵地帯

セミナーで大活躍する3D地図

気難しい品種ネッビオーロ

高級ワインの店、ミラノのペック。プロに聞く

仕上がることから地元で人気がある。ドルチェットはフルーティーな味わいが魅力。

ワインの楽しみ方

色：グラスに注ぎ、色を見る。グラスは脚を持ち、余計な熱を加えないようにする。テーブルなど白いものの上にかざして、淡さや濃さ、熟成具合を見る。

香り：まずはグラスを回さずにそのまま香りをかぐ。空気に触れると香りの分子が広がっていくので、次は回して再びかぐ。

味わい：口に含み口の中でころがす。舌のパーツごとの味覚センサーを意識しながら、味のさまざまなニュアンスを感じ取り、ワインを飲んだ後、その口に残る余韻を楽しむ。専門用語は必要なし。自分が思うままに感じればOK！ 時間と共に変化する香りや味わいを楽しむこともワインの醍醐味。

ワイン選びに迷ったら

　　自分の好みや選ぶ基準を持つことが

なかなか難しいワイン。「最初の一歩はプロに『選んでもらう！』のがおすすめです。そのとき、必要なことは『自分自身の気分』。これはとても大切で『安心』『好奇心』『定番』『冒険』どんな気持ちかによって、楽しめるものは変わってきます」と石田さん。あとは、過去に飲んだことのあるワインの写真があるのも◎。そのワインが好みでなかったとしても、どこが苦手だったのかプロにとっては写真の情報が役に立つ。ワインのラベルには、【ワイン名・原産国名・ヴィンテージ（ワインの収穫年）・生産者名・アルコール度数・容量】などが記載されているので、「これは酸味がきつかった」とか「この甘みは好きだったけれど、今日はもう少し辛口がいい」など感想があれば、より具体的に選んでもらうことができる。

「ぜひ、やってみてください。そして1本（およそグラス6杯）、なかなか飲みきれない方は、次の日にまた変化を楽しみながら飲んでもよいですし。再栓できるスクリューキャップのワインも今はたくさんありますよ」と石田さん。

①色を見る

②香りをかぐ

③口の中でころがす

イタリア留学を経てワインの会社に就職

「ビバリーヒルズ高校白書」に憧れて

　小さいころから食べることが好きでお酒もすぐ大好きになりました。母がとにかく料理が上手で、父はワインのワの字もわかっていない人でしたが、大勢で集まって一緒にわいわい食べたり飲んだりすることをこよなく愛する人だったので、その影響だと思います。

　海外には昔から漠然と憧れがあって、最初は高校生の時、アメリカのドラマ「ビバリーヒルズ高校白書」にハマって、あの世界に入りたい！と、留学を夢見ていました。アルバイトしながら英語の勉強になるといいなと、ハードロックカフェで働いたりして。ダンスタイムに「Y.M.C.A.」とか「マカレナ」の曲に合わせて踊っていました。

イタリア留学で食の世界に興味が

　大学の奨学金派遣留学制度の留学先の候補に、イタリア・ミラノが新しく加わったことは運命的でした。アメリカ、イギリスの競争率が高くて断念した私は行先を変更。すべて親に内緒で受けていたので、受かってから「行きたい」と事後報告。父はイタリアと言えばマフィア、みたいなイメージがあったようで最初猛反対しましたが、肝の据わった母は「一緒に送り出そう」と言ってくれました。思い立つとすぐ行動してしまう私の性格は、このころから変わっていないですね。

　初めてのヨーロッパでしたが、イタリアは、食事はおいしいし、イタリア語も楽しいし、友人たちとアペリティーボといって食前酒を気軽に楽しむワイン文化も毎日のように体験して、食の世界にどんどん興味がわきました。

働きながらワインのことを学べる！

帰国後、就活シーズンはすでに終了したタイミング。日本の企業はとくに壁が高かったのですが、それでも自分なりに職を探しているときに、エノテカを見つけました。イタリア留学の影響で、食の中でもワインに興味を抱いていたので、連絡をすると、すぐに面接をしてくれました。当時社長だった廣瀬とは最終面接で初めて会いました。ワインのことは勉強したいけど、ワインスクールはお金もかかるし、ハードロックカフェ同様、「働きながら好きなことを学べるなら楽しいはず」と思って入社しました。

1年目の配属先は、横浜の百貨店にあるワインショップ。一箱15キロほどある木箱を運ぶ力仕事も大変でしたし、棚にワインを並べる際、生産地順に並べるなんて、何も知識がなかったのでめちゃくちゃ時間がかかり苦労しましたが、先輩たちにたくさん教えてもらい、本当に勉強になりました。

半年後、広報企画室に異動になり、販売サポートを担当。生産者さんが来日する際のスケジューリングをお手伝いすることになり、大御所のお客さまのアテンドをサポートするうち、「この人たちと、もっとワインのことを話したい」「もっとワインをきちんと説明する側になりたい」という思いがわいてきました。同時に、買いつけをされていたのは当時社長の廣瀬をはじめとするトップ集団だったので、知識、経験、交渉力、すべてにおいて圧倒的な差があると感じていました。

ワインを勉強したい！ 25歳で退職してフランスへ

フランスのシャトー・ラトゥールで働く

　本格的にワインの勉強をするなら本場フランスだ！ 英語が話せる人は山ほどいるし追いつけない、でもフランス語もできてワインの知識もあったらそれは武器になる！ ワーキングホリデービザを取って行こう、そのためには会社を辞めよう、と思い立ったのが入社3年目、25歳の時でした。当初は、1年間語学を勉強しながらハイシーズンにワイナリーで働くという計画でした。

　退社は決めたものの、出発までの間出社していた時期に、たまたまボルドーのシャトー・ラトゥールの社長さんがいらっしゃるイベントがありました。そこで「フランスに来るのなら、ラトゥールで働いてくれないか」と幸運にも声をかけていただいたんです。リップサービスと思っていましたが、後日お電話もいただき、「ぜひ行きます」と、若さと度胸で乗っかることに。

　半年後にはラトゥールに行くことが決まったので、それが一つのいいプレッシャーとなり、全然できなかったフランス語も、必死で習得しました。

　ラトゥールでは、世界中からみえる訪問者のアポ対応とご案内を担当しました。当時は日本人のお客さまも増えてきたころ。でも外国語が苦手な方も多かったので、きちんとシャトーの思いを伝えたい、と社長は考えていらしたのです。敷地内の寮ではフランス人の女性醸造家と一緒に住んで、彼女にはとても助けられました。醸造の専門用語や化学など苦手だったことも彼女に教わり、翌年ボルドー大学で学びたいと思うようになったの

も彼女の影響です。ワイン造りは奥が深く、バイヤーの道は醸造についても最低限学んだ上で目指すべきではないかと思いました。

今度はボルドー大学醸造学部へ

日本では廣瀬に「まだ勉強し足りないのか!?」と呆れられましたが、一時帰国後もう1年、今度はフランスのボルドー大学醸造学部で学ぶことにしました。DUADと呼ばれるコースで、テイスティングのディプロマを取得するのは大変でしたが、念願の醸造とテイスティングの授業を受けることができました。また、食文化が豊かなフランスで計2年過ごせたことは、キャリアだけでなく人間としてもプラスになりました。親しい人たちと、おしゃべりしながらゆっくり食事をする時間を大切にする。季節を感じる。「足るを知る」というか、本当に豊かな時間だったと思います。

留学中、廣瀬をはじめエノテカのスタッフからありがたいことにちょくちょく連絡をいただいていました。そして留学したからこそ、日本でワインのために働きたい、再びエノテカで働きたいという思いも固まり、帰国後バイヤーのアシスタントとして復職することができました。

結婚・出産・転勤、バイヤーも続けて

その後、ボルドーで出会って結婚した主人との間に長男を授かり、復職後2年ほどで産休を取ることになりました。2007年当時は会社の産休・育休制度はまだ整っておらず、女性のバイヤーは私だけだったのですが、8カ月産休を取って復帰。そして息子が5歳の時には、夫が郷里でもある大阪でしばらく仕事をすることになり、単身赴任にするかどうか、悩んだ末私と息子も同行することにしました。

当時も今も大阪には、ワインショップと卸売の営業部署がありますが大阪で商品部のバイヤーを続ける道を、会社が一緒になって考えてくれました。今でこそテレワークは当たり前になりましたが、そのとき親身になってくれた上司の尽力で、大阪でもメールや電話のやりとりなどを通じて、バイヤーとしての仕事を続けることができたんです。

勤務場所は卸の営業所だったので、営業に行くスタッフやショップのマネージャーたちがすぐ横にいるようになり、お互い情報交換ができましたし、現場により近い、今までになかったやり取りが経験できました。

ワインを日常のモノにしたい

フランスのワークスタイルが後押し

　1年半ほどの大阪生活からまた東京に戻り、長女の出産も経て今に至りますが、気づけばママさん社員は70名以上いるんです。結婚や出産を機に辞めた女性をたくさん見ていたので、私のワークスタイルも手探りではありましたが、取引先に多かったフランスの皆さんがすごく後押ししてくれたのもありがたかったです。フランスでは女性が育児しながら働くのが当たり前で、男性も家事をします。ただ、フランスではベビーシッター制度も充実しているので育休は短いんですよね。8カ月休むときは「長っ!」って驚かれました。

　私は、夫はもちろん、母や近所の弟夫婦、ママ友パパ友たちの助けも得ながら、2人の育児ができている状態。3年前他界した父もトップサポーターでした。自営業の自由人、孫と過ごすのが夢で、孫育てを存分に楽しんでくれていたので、私は本当に恵まれていたと思います。

ワインの世界の時間軸はとても長い

　ブドウの収穫は1年に1度。自然の恵みなので毎年気候による変化がある。同じものは生まれない。それをきちんと理解することは、生産者に対する敬意だと思います。同時に収穫されてから飲み手がボトルを開けるその瞬間まで、ワインの世界の時間軸はとても長いので、ずっと続いていく物語のひとコマに携わらせてもらうということは、とても幸せな時間です。この世界では、新参者がパッと稼いで消えていく、という形は望まれていません。ずっと続けて、長い時間をかけて信頼関係を構築して、安定

的に次世代にも思いを継承していく。だから人間関係も大事ですし、それが醍醐味なんですよね。人はいつか死んでしまうけれど、ワインはその年に詰められたタイムカプセルのように残ります。それぞれのヴィンテージに、それぞれの人のドラマがある。1本のワインをシェアしながら、ヴィンテージや生産地、生産者にいろんな思いを重ねられるのも、素敵だな、と思います。

日本人のワイン消費量を
イタリア、フランス並に

　仕事にかこつけてプライベートでも毎日飲むので、年間1,000種類くらい飲んでいます。肝臓は出産前のほうが強かったと思いますが、今でも記憶を失くしたことがないのは自慢です。

　ワインは人を幸せにします。人とシェアする喜びがあり、人生を豊かにします。日本ではまだまだワインは非日常と思われているので、それをもっと日常のものにしたい。そのお手伝いをすることは私たちのミッションの一つです。ワインを楽しむという身近なときめきを増やすこと。生産者のメッセンジャーとしてその思いを伝えること。バイヤーという形にとらわれず、一生ワインに携わりたいと思っています。いずれは、日本がフランスやイタリアとワインの1人当たりの年間消費量を競い合うぐらいになっていてほしい。フランスやイタリアは40〜50ℓ、日本は4ℓ。まだまだ幸せの伸びしろがたっぷりある世界だと思います。

バイヤー旅についての10の質問

❶ 初めて仕事で行ったのはいくつの時、どこでしたか？

32歳の時、フランスのボルドーです。留学のおかげである程度土地勘のある地からのデビューでした。

❷ 仕事では年にどのくらいの頻度でどんなところに行きますか？

担当するボルドー、ブルゴーニュ、ピエモンテの3地域と、ワインの国際見本市などで4回くらいです。

❸ 旅に必ず持っていくものは何ですか？

ワインをお土産に買って帰るために、スーツケースを半分空けて緩衝材を入れておきます。プライベートで初めてギリシャに行った時はワイン天国で、30本ぐらい買いました。あとは鼻うがいと、冬ならカイロ、長靴。

❹ 準備で欠かせないことは何ですか？

2人の子供のスケジュール調整。夫と母、弟夫妻、パパ友、ママ友と送迎時間やご飯などの調整です。帰国後はワインでお礼、です。

❺ 現地について一番最初にすることは何ですか？

シャンパンを飲むことです。華やかな飲み物なので、テンションが上がる（笑）。「やるぞ！」っていうやる気スイッチです。

❻ もっとも過酷だったバイヤー旅のエピソードを一つ、教えてください。

32歳で行ったボルドーでのデビュー戦。朝8時前～夜0時くらいまで、訪問、試飲、訪問、試飲で昼夜会食が1週間続きハードでした。何百種類かをジャッジしてメモも取り、業界のトップの人た

ちのご自宅での会食で「アツコはどう思う？」って意見をバンバン求められる。ぱっと返せなかったことも多く悔しくて勉強になりました。

❼ もっとも幸福だったバイヤー旅のエピソードを一つ、教えてください。

2005年にボルドーの留学でお世話になったラトゥールの社長が、10年後の2015年に出張でうかがった時、ラベルを隠してのテイスティングで私の生まれたヴィンテージの超高級ワインを6種類も用意してくださったこと。種明かしをされ「ようこそこの世界へ」と言われて泣きそうになりました。

❽ 外国で仕事をするのに大事なことは何ですか？

ていねいなコミュニケーション。お互い第二言語の英語で話すことが多いので、誤解が生まれないように難しい単語は使わず、シンプルに。交渉時には正論をふりかざすのではなく、お客さまのためにこうしたい、というように、何のために交渉をしているのかを忘れずに言葉を選ぶようにしています。

❾ 今すぐにでも行ってみたいところはどこですか？

フランスの銘醸地ローヌをあらためて深掘りしたいです。崖みたいなところに畑があり、なぜここでワイン！？ みたいな神秘の世界です。プライベートでは食いしん坊の家族をピエモンテとトスカーナに連れて行きたいです！

❿ 駆け出しのころの自分に言ってあげたいことがありますか？

戻ってやり直したいことは基本、ないのですが何でも勢いでやってきてしまったことも多かったので、「もっとていねいに、大切にやりなさい」でしょうか。

石田敦子 *Atsuko Ishida*

2002年エノテカ新卒入社。一度退社し、2度の仏ワイン留学。1度目はシャトー・ラトゥールで勤務、2度目はボルドー大学で醸造を学び帰国後エノテカに復職。現在は仏・伊を中心のバイヤー。DUAD（ボルドー大学醸造学部公認ワインテイスター）。

写真協力：エノテカ株式会社　photo：広川智基　text：magbug

コスパ最高ワイン

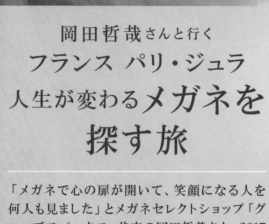

岡田哲哉さんと行く
フランス パリ・ジュラ
人生が変わるメガネを
探す旅

「メガネで心の扉が開いて、笑顔になる人を何人も見ました」とメガネセレクトショップ「グローブスペックス」代表の岡田哲哉さん。2017年、2018年と2年連続で「Bestore Award」を受賞した人気店だ。今回は、人生が変わるメガネを探しに、メガネ展示会 SILMO Paris、メガネの世界的な産地・ジュラへと出かける。

人生が変わる、
心の扉を開くメガネを探す

メガネをかければ、心の扉が開く

　顔の真ん中にきて、その人の印象を自在に操るメガネ。メガネをかければ、まだ見ぬ自分に出会える。

　今回、フランスを舞台に探すのは、かけたら一瞬で人生が変わる、心の扉を開くメガネ。旅をするのは、メガネのセレクトショップ、グローブスペックス代表・岡田哲哉さん。40年ほど前の日本で、視力補正の道具としてしかとらえられていなかったメガネを"アイウェア"ファッションとして日本に広めていった人物だ。

　渋谷、代官山にある店には、世界中のデザイナーが手がけたファッショナブルで機能的なメガネが集まる。訪れた者を飽きさせない独特の世界観が評価され、2017、2018年とイタリアの「MIDO」展で、世界中のメガネ業界の重鎮たちや店舗デザイナーなどが世界一のメガネショップを決める「Bestore Award」で2年連続1位に輝いた。

「メガネの魅力を知ると、表情がすごく明るくなって幸せになっている人を何人も見てきました。それがメガネのパワーじゃないかと思います」

　世界各国のメガネデザイナーたちと交流し、デザインを提案することもあれば、コラボ商品の開発もする。また、自社店舗で売るだけではなく、輸入代理店業も行う。

　父の転勤で小4からニューヨークに暮らし、中1で帰国。ファッションのど真ん中・港区青山で青春時代を過ごした。大学卒業後、都銀に新卒入社したが、半年で大手眼鏡販売会社に転職。メガネを単に視力矯正の道具ではなく、もっと楽しむアイテムとして進化させることができるのではないか？とその可能性を感じて眼鏡業界に。そして、その可能性は、26歳で転勤したニューヨーク店で実感することになる。

「おばあちゃんが赤いハーフアイグラスをとてもカッコよくかけていたんです」

　歳を取ったからこそかける老眼鏡は人生を楽しむためのアイテムだと教えられた。さらに別の大手眼鏡販売店に転職する。当時の経営者の「徹底して顧客満足の実現を図る」という経営にリスペクトの念を抱いたからだ。

　社長室勤務となり、欧米各国のメガネ店やデザイナーたちと親交を深めることになる。こんどはファッションとしてのメガネを置くにふさわしい、デートするような場所にメガネ店を変えられないか。再び奮闘するが、大手だけになかなか動かない。

世界一のメガネ店を作りたい

　38歳で独立。「お客さまに喜んでもらえる世界一のメガネ店」を作るべく、渋谷にグローブスペックス1号店を開いた。

　長年、接客をする中で、岡田さんはメガネの魅力を知って表情がとても明るくなり、ハッピーになっている人が何人もいることに気がついた。

「最初はみなさん、『これは自分には似合わないんじゃないか』って、心の目が閉じているんです。でもかけてみるとだんだん自信に変わり、楽しもうという気分に変わる。心の扉が開いていく」

自らも、メガネを存分にかけこなし、所有する数は3桁。

「今日は誰に会うかなど、その日のスケジュールに合わせてメガネを選びます。メガネは単純にファッションとして楽しめるだけでなく、ライフスタイルや仕事上のイメージを作ってくれるんです」

今回のミッションの一つに、京都にオープンする20年ぶりの新規店舗用の買いつけがある。女性の意見も取り入れるため、アシスタントの簀智美穂子さんも同行する。ヨーロッパ最大級の展示会 SILMO Paris（シルモ・パリ）から、メガネの街・ジュラへと向かう。人生を変えるメガネを探す旅の始まり。

パリ Paris

SILMO Parisが開かれるパリ・ノール見本市会場はパリ・シャルル・ドゴール空港の一つ手前の駅下車。パリの中心部からは快速電車で約25分。アーレム、アン・バレンタイン、セリマのショップは4区に集中している。Ritz Parisはパリの中心部1区にある。

ジュラ Jura

ブルゴーニュとスイスの国境の間に位置する県。起伏に富んだ田園地帯で、黄色ワインと呼ばれる白ワインやコンテチーズが有名。メガネの村・モレは、山に囲まれた谷底に位置する豪雪地帯で日本の福井県鯖江とよく似た環境。近くで鉄鉱石が発見されたことから16世紀以降、クギ作りが盛んになり、クギ職人がクギ用の鉄線からメガネフレームを作り出したと言われる。19世紀にはメガネが主力産業となり、1904年、国立メガネ専門学校が作られた。今もなおフランスのメガネの80％以上はジュラ地方で作られている。ちなみにジュラ紀の名前はスイス国境のジュラ山脈から来ている。パリからはフランスの新幹線TGVでリヨン経由でローカル線に乗り継ぎ約3時間。

FRANCE
フランス

●パリ

ジュラ ●

SILMO Parisで日本未上陸の
最新メガネを探す

展示会では必ずデザイナーと話をする

　世界に400以上あるという展示会の中でも、最大級の展示会 SILMO Paris。毎年9月に開催され、2019年は世界各国のブランド、970社が集結。3月に開催される MIDO（ミド／ミラノ）、Vision Expo East（ビジョン・エキスポ・イースト／ニューヨーク）と合わせ、毎年必ず出席する展示会だ。

　4日間の開催期間中の来場者は3万5,000人。「次のトレンドはシルモから生まれる」と言われるほど、様々なブランドが一堂に会し、1年かけて生み出した新作が並ぶ。

　まずはいつものブランドをチェック。最初に足を止めたのは、2010年に誕生したフランスの若手ブランド Tarian（タリアン）。シンプルで独創的なデザインとシックな色の組み合わせが目を引く。

　岡田さんが立ち寄るとすぐに、デザイナーのジェレミー・タリアンが姿を現した。「見るための、見られるためのメガネ」を提唱、1980〜90年代のゴルチエ、クロードモンタナ、カール・ラガーフェルドらにアイウェアコレクションを提供した、メガネ界の変革者・アラン・ミクリの息子さんだ。「デザインのポイントやこだわりをしっかり理解したいので、必ずデザイナーと話しながら買いつけます」

買いつけのポイントは3つ

　買いつける際、岡田さんが気をつけるポイントは、「サイズ感、デザイン、カラー」の3つ。この3点を見極め、日本人に合うメガネを選び抜いていく。

　メガネは色の違いによって、かけた人の印象がガラッと変わるという。

　「たとえば、ビビッドな色のフレームは海外の人には非常によく似合いますが、日本人がかけると、フレームが目立ちすぎるきらいがあります。同じデザインでも、オリーブグリーンは意外に肌の色をきれいに見せてくれる効果があり、ブラ

フランス「tarian」の
Jeremyさん

ベルギー「MICHEL HENAU」の
Marleenさん

ポルトガル「VAVA Eyewear」の
Pedroさん

「Haffmans & Neumeister」の
Phillippさん

イスラエル「Jean Philippe Joly」の
Jean Philippeさん

フランス「Xavier Derome」の
Xavierさん

ロサンゼルス「Garrett Leight Optical
California」のCharlesさんとGarrettさん

ネックレス型グラスホルダーのブランド
「LaLOOP」のElizabethさんと

ウンの方が目元をはっきりさせながら柔
らかい表情を作ってくれます」

つづいて立ち寄った Michel Henau
（ミッシェル・エノウ）は、グローブスペッ
クスが扱う唯一のベルギーブランド。厳
選された素材と、画家でもあるデザイナー
が創造するアートのようなデザインが特
徴的なブランドだ。

「欧米人と日本人では、骨格や肌の色の
違いもあるのですが、その中で、新たな
感動や喜びを提供できる商品かどうかを
重視して見ています」

デンマークの Lindberg（リンドバー
グ）は、岡田さんのキャリアに大きな影
響を与えたブランド。チタンのワイヤー
フレームは、軽くて丈夫なメガネとして
有名だ。毎年、数多くの新作モデルを生
み出し、今回発表したのはなんと150種
類。日本人がかけるとどんな印象になる
のか、一瞬でイメージを膨らませて決断
し、手早くメガネを裏返していく。メガネ
を裏返すことが、買いつけたというサイ
ンだ。

「経験に基づく直感です。ブランドを選
ぶのは時間がかかるんですけど、一度、
信頼できるブランドだと思ったら、アイテ
ムをセレクトするのは早いです」

メガネを変えることでハッピーになる

カラフルな色使いで知られるフランスの
ブランドAnne et Valentin（アン・バレン
タイン）で足を止めた。コンセプトは、自
分らしくあることの喜び（The pleasure
of being myself.）。どれも遊び心のある
デザインばかり。かければ、日常がちょっ
と楽しくなる、女性の心をくすぐるメガネ
を見つけた。

今回、同行した簾智さんも以前はめがね
をかけることがコンプレックスだったという。
「このブランドは少しハードルが高そうに
見えるモデルが多いんですけれど、かけ
てみると、案外自分にも似合う。メイクを
変えるというよりも、メガネを1本変える
ことでその日がハッピーになるって知った
ら、楽しくなりました。実は私も岡田に
心を開いてもらった一人」と簾智さん。

4日間の開催中、100近くのブランドを
回り、チェックするモデルは1,000を超え
る。展示会でのメガネ選びは、時間との戦
いだ。自分のアンテナに引っかかるメガネ
を探して、ブースからブースへ。

「ブースへ向かう途中、次に行くブランド
のメガネに掛け替えているので、さらに
忙しい（笑）」と岡田さん。

人生が変わるメガネ

ブランド・ミーティングで親交を深める

世界各国の情報を共有する大切な場

　岡田さんは、展示会の前後にブランドとのミーティングにも出かけている。

　ブランド・ミーティングでは、世界各国の代理店やセールス担当に対し、SILMO 展で発表される新作のディテールやコンセプトが説明されるほか、参加者同士が自国のユーザーが今どんなものを求め、カラーは何色が流行っているかなど、各国の状況やノウハウなどを共有する大切な場でもある。

　SILMO 展2日目の終了後、岡田さんはマレ地区にある Anne et Valentin のお店のパーティーに出かける。Anne et Valentin の営業1名につき、取引先2組しか招待できないという、限られた人のみが参加できるパーティーだ。

　「このパーティーは世界各国の取扱店のオーナーや代理店のセールスが一堂に会して親交を深め、異文化を楽しむ場になっています。こうした場で情報交換をすることが、旅の大きな目的のひとつ。単純にモノを買いつけるための旅ではなく、人に会うことが重要なんです」

　フランス人で LA を拠点に活動するデザイナー、アーレム・マナイ・プラットさんのブランド Ahlem（アーレム）は、カジュアルなパーティースタイルだった。

　「日頃なかなか顔を合わせることが難しい全世界の Ahlem 関係者がファミリーとして親交を深めるごはん会というのが本当の目的」と岡田さん。新作のメガネを肴に、話題はつきない。

　「日本のお客さまはこのデザインをとても気に入っているとか、こんな要望があったなど、日本のユーザーの声をフィードバックしないと、デザイナーもインスピレーションがわきにくいんです。ですから色や形、フィーリング的なものも含めてフィードバックし、互いにインスピレーションを得ながら創作に向かえるようにしています」

Ritzのスイートルームでミーティング

　ニューヨークのブランド Robert Marc NYC（ロバート・マーク NYC）の展示会とミーティングは、パリを代表する格式高いホテル Ritz Paris のスイートルーム。ビジネスマンやセレブに人気のあるハイエンド（高品質・高感度）なブランドだけに、場所も選び抜かれている。

　「私も Ritz のスイートに入ったのは初めてでした（笑）。情報だけでなく、場所から得るインスピレーションも含めて、ブランド・ミーティングは毎回、新鮮な驚きがあるので出席するのが楽しみなんです。今回の旅は私の60回目の誕生日と重なったため、Robert Marc 社は、私の還暦を祝うバースデーパーティーを、私がパリで一番好きなレストランで開いてもくれました」

カラフルでポンプなAnne et Valentinのメガネ

AHLEMの本店はカリフォルニア。一文字のトップバーブリッジが新鮮

アメリカ「ROBERT MARC NYC」のミーティングはRitz Paris

人生が変わるメガネ

新店舗を記念するメガネを開発する

パリから歴史的建造物に指定されたカフェ

アーレムさんはアパレルからアイウェアへ

アイデアがまとまり……

キャットアイスタイルに
クラウンパントゥを上部にプラスした「KYOTO」

フランスの伝統に現代の技術を

　もうひとつの大きなミッションは、京都にオープンするグローブスペックスの新店舗を記念するメガネの特別モデルを、2人のデザイナーと一緒に開発すること。1人目は前述した Ahlem のデザイナー、アーレム・マナイ・プラットさん。岡田さんが最も信頼する若手であり、業界注目のフランス人デザイナー。今は拠点を LA に置いている。

　アーレムさんは、Acne や Miu Miu などアパレルを経てアイウェアの世界へやってきた。そのデザインはバウハウスムーブメントに強く影響を受け、デビュー時のプロトタイプはパリのセレクトショップ「コレット」のバイヤーに高く評価された逸話を持つ。代表作の「ルーブル」は、職人によって細部にまで彫刻やグラフィックが施されたアートピースのようなメガネ。製造はメガネの最大産地、フランス・ジュラ地方の職人によるものだという。

　「私のメガネは歴史の中にありながら、モダンなものなの。かけると、パリを身に纏うように感じることができるメガネよ」とアーレムさん。

　待ち合わせた場所はパリ市から歴史的建造物として保存指定されたカフェ Cravan（クラヴァン）。初めてのミーティングに際し、アーレムさんは目新しさを前面に出したフェミニンなキャットアイスタイルのデッサンを用意してきたが、「歴史的なメガネに現代の技術を組み合わせたい」と

いう岡田さんのイメージとは違っていた。

そこで岡田さんは、アーレムさんが描いた「キャットアイ」に、フランスの伝統的なフォルムである上部が角ばった「クラウンパントゥ」を組み合わせることを提案。

互いの意見をぶつけあいながらスケッチに修正を重ね、歴史と伝統の街・京都にふさわしく、Ahlemらしいスタイリッシュなモデル「KYOTO」が生まれた。

柔らかさと力強さ。異なる要素を融合

2人目はLunor（ルノア）の創設者ゲルノット・リンドナーさん。ゲルノットさんは、世界最古の眼鏡光学メーカー出身にしてアンティークアイウェアの蒐集家としても名を馳せる、まさにメガネ界の重鎮。スティーブ・ジョブズ愛用の丸メガネをデザインした人物としても知られる。

岡田さんはゲルノットさんと20年来の付き合い。「メガネ業界における私の父のような存在」と絶大な信頼を寄せる。気心の知れた間柄で、デザインを決めるミーティングもすぐに熱を帯びた。

「私は『日本ではこういうスタイルが必要だから』と言ってデザインにかなり口を出します。私の方で玉型（メガネのフレームの基本型）をつくり、彼のデザインと組み合わせてデザインすることもありますね」

今回は岡田さんの希望で、ヨーロッパの伝統的な玉型である、メタルのクラウンパントゥ型を作ってもらうことに。素材はスターリングシルバー（シルバー925）。ゲルノットさんと長年メガネ製造を行ってきたヘルムートさんの2人が、3年の歳月をかけて生み出したシルバーの質感は損なわずメガネに必要な剛性とバネ性を実現した画期的な素材だ。

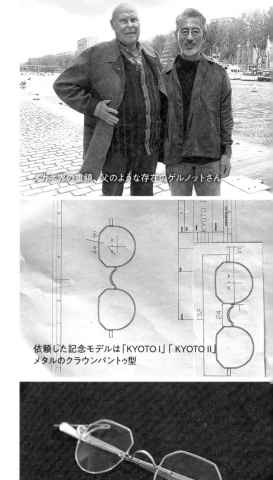

メガネ界の重鎮、父のような存在のゲルノットさん

依頼した記念モデルは「KYOTO I」「KYOTO II」
メタルのクラウンパントゥ型

艶消しタイプはすぐに完売

「パントゥ（丸みを帯びた逆三角形）の知的でソフトな印象と、上部のクラウン（王冠）型の力強くシャープな印象という、異なる二つの要素が融合したとても魅力的なスタイルです」

こちらのモデル名はやはり「KYOTO I」「KYOTO II」。見ているだけで惚れ惚れする美しいデザインに仕上がった。

人生が変わるメガネ

30年来のNYの友人から
冒険心あふれるアイテムを

自由な発想から生まれるセリマデザイン

　伝統とモダンをミックスした京都店用の商品として、ぜひとも買いつけたいものがあった。メガネデザイナー、セリマ・サラーンさんのメガネだ。チュニジア出身のセリマさんと出会ったのは、岡田さんが30代のころ。以来、会えばいつもメガネの話ばかり。互いの店のトレンドや店づくりについて語り合ってきた大親友だ。セリマさんはパリの眼鏡学校を卒業してしばらくパリのブランドに籍を置いていたこともあり、パリにも幼なじみとの共同経営の店舗がある。

大物スターを虜にするセリマさんのメガネ

　セリマさんの本拠地はニューヨーク。カラフルな色使いのメガネは大物スターも虜にし、アン・ハサウェイ、レディー・ガガ、マイケル・ジャクソン、ロバート・デ・ニーロなど数多くの有名人が愛用。セリマさんは今やニューヨークのファッションシーンに大きな影響を与えている。自由な発想から生まれるセリマさんのデザインは、新店舗を作る際になくてはならないものだ。

　セリマさんが最初にすすめたのは、カラーレンズとさまざまな色のフレームを組み合わせることのできる遊び心あふれるメガネ。黒いフレームと黄色いレンズを組み合わせたスタイルが、パリでは人気。

日本人の好奇心もくすぐりそうだ。

売り場の魅力を引き出す派手目なメガネ

　さらに、派手目でちょっと取り入れにくそうなアイテムを選んでいく。手に取ったのは、赤のメガネ。

　「並べたときにこういった派手目のものが一つあると、別のものも引き立ちます。いろんなメガネを混ぜることで、そのブランドの魅力が引き出される。だから、これ自体は売れないかもしれないと思っても、仕入れています」

　セリマさんの店で手に入れた冒険心あふれるアイテムは、歴史ある街のメガネ店に新たな風を吹き込んでいる。

還暦パーティーもメガネの話で

　後日、セリマさんはフランスで還暦の誕生日を迎えた岡田さんの誕生日パーティーを開いてくれた。

　「ハッピーバースデー！」

　プレゼントされたのは、岡田さんとセリマさんを模した特注の"似顔人形"。岡田さん風の人形は、おしゃれなサングラスをかけている。

　「このサングラスは『イージー・ライダー』をイメージしたの」とセリマさん。

　パーティーの間もメガネの話は尽きない。

セリマさんと知り合ったのは30代半ばのNYのSelima Optiqueにて
還暦パーティーも開いてくれた

人生が変わる〝メガネ〟

パリの定点観測。必ず立ち寄る場所で

絶品！ パリのタルトタタン

買いつけの合間を縫って、岡田さんがいつも立ち寄る場所がある。

「メガネ以外では、パリで最大の目的。これがなかったら、パリに来ないかもっていうくらい」

パリの中でも一際お洒落な店が立ち並ぶマレ地区に、岡田さんが15年来通い続けているカフェ、L' Etoile Manquante（レトワール・マンカント）がある。メニューも見ずに即座に注文したのはフランスの伝統的なスィーツ、タルトタタン。生クリームと一緒に食べると、リンゴのおいしさが際立つ。

「うまい」

100年以上前から作られてきた、タルトタタン。リンゴに砂糖とバターを加え、時間をかけてキャラメリゼする。リンゴが香ばしく煮えたら、タルト生地をのせ、オーブンで1時間ほど焼く。

「おいしいものとおいしいお酒があって、仕事も頑張れる」

タルトタタンを満喫した後は、よく訪ねている店の定点観測。まずは300近い店舗が並ぶ古いアーケードにあるメガネ店 Pour Vos Beaux Yeux（プーブゥブジュー）へ。ニースにも店を構えるヨーロッパ有数の名店で、厳選されたヴィンテージのメガネを多く扱うおしゃれな店。什器もすべてヴィンテージで構成され、建物正面のサインアートもパリの腕利きのアーティストによるもの。オーナーのシャルルさんとはここ数年で仲良くなり、パリを訪ねると必ず立ち寄って情報交換をする。

セレクトショップ Merci（メルシー）では、商品の並びからパリのトレンドを探る。場所から得るインスピレーションも大事なのだ。

絶品! タルトタタンの店

レンズの多いメガネ店のシャルルさん

カフェに書棚があるMerci

"別世界"を演出するアンティーク家具

岡田さんは商品の品揃えだけでなく、店舗作りにも人一倍こだわってきた。物語のあるアイテムを世界中から集め、メガネを楽しみながら選べるように、非日常を演出する。デートで訪れてもらうためにも必要なことだ。

「メガネ店に勤めていたころに世界中の名店を回り、モノだけじゃなく空間も、夢や期待を膨らませてくれると気づきました。店に入った瞬間、別世界に足を踏み入れたような感覚になる。自分もそういう空間を作りたいと思ったんです」

2020年6月にオープンの京都店は、京都の文化財にも指定されている1920年代の建物「新風館」の中にある。伝統とモダンの美しさが同居する落ち着いた空間を目指している。この旅ではアンティークの家具や小物を扱うクリニャン

クール蚤の市のアーケード街で、京都店に置くソファを探しにきた。

探し始めてから3時間。顔なじみの店主がいる店で目に留まるものがあった。座る人を柔らかく受け止め、心地よい安らぎを与える本革のソファ。1950年代のベルギー製だ。

「あまり座面が低いと、腰が痛いという方もいる。これは、高さも大きさもちょうどいい」

店主と値段交渉後、15万円で購入。

「値段があるようでないようなアンティークに関しては、交渉をします。こちらの意図が伝わると、店主も一生懸命探してくれる。礼節を守って仲良くすることで、ネットワークが広がっていくんです」

今回も納得の掘り出しものを手に入れた。

とにかく歩くので、軽量のナイロンバッグがマストアイテム

クリニャンクールの蚤の市で

人生が変わるメガネ

世界的メガネの産地、
ジュラに眠るお宝メガネを探す

フランスのメガネ文化を支えるジュラ

　日本未上陸のアイテムを求めて、岡田さんの旅はまだまだ続く。リヨン空港で迎えてくれたのは、Lesca Lunetier（レスカ・ルネティエ）のデザイナーでもあり、ヴィンテージメガネの販売を手掛けるジョエル・レスカさん。フランスのメガネを知り尽くした、岡田さんの友人だ。

　ジョエルさんと向かったのは、日本の鯖江、イタリアのベルーノと並び、メガネの世界三大産地の一つとして知られるジュラ地方。スイスとの国境近くにあり、18世紀からメガネの生産地として栄えてきた山間地帯だ。

　恐竜たちが闊歩したジュラ紀の名前はこの地方から生まれ、チーズ、ワインの産地としても名高い。高い品質とデザイン性にすぐれたメガネを生み出し、現在もフランスのメガネの8割ほどを生産。街には、フランス初の国立メガネ専門学校もあり、これまで数多くのデザイナーやオプティシャン（眼鏡士）を輩出してきた。

　ジョエルさんが連れてきてくれたのは、ジュラ随一のメガネコレクターのお宅。気に入ったものが見つかれば、特別に売ってくれるという。まず案内されたのは、倉庫。棚には、かつてこの地方の職人が使っていたメガネの金型が大量にある。

　「メガネの町で育ったので、メガネに関するものはなんでも集めてしまうんだよ」

職人の技術の結晶、ラインストーンのメガネ

　さっそく、長年かけて集めたメガネコレクションを見せてもらうことに。すると、特別なメガネをかけたマネキンが出迎えてくれた。これこそが、岡田さんお目当てのメガネ。「ラインストーンのメガネを見せてくれますか？　あのマネキンがかけているやつ」

　かつてジュラで作られていたラインストーンを施したメガネは、ファッションショーなどで使われたものだという。職人たちが腕を競い合い、作り上げられた結晶ともいうべき逸品。

　「この型を作るだけでも相当大変だと思う。さらに、石を熱してフレームに埋め込んでいく。その後、冷やして石を閉じ込めて固定する。その技術を持った職人は、フランスでも2、3人しか残っていないらしい」

　今ではこうした技術を持った職人が減り、もうほとんど作られることがなくなった。白鳥や音符、ピストルなどのユニークなデザインの中で、岡田さんが一番気に入ったのは、ゴージャスなティアラ型のメガネ。「ラインストーンのシリーズでも有名な作品らしいです。私も写真でしか見たことがない」

　奇抜なデザインの奥には、繊細なカッティングや、ラインストーンを埋め込む職人の技が詰まっている。これらは売り物としてではなく、店内に置くメガネミュージアム的アイテムとして買いつける。フランスのメガネ文化を伝える、価値あるメガネを手に入れた。

岡田さんが目を奪われたラインストーンのメガネ

簑智さんも似合っている

ワインやチーズがおいしいジュラ地方

人生が変わるメガネ

岡田さんも似合っている

レスカ家のヴィンテージメガネを発掘する

源流にある美しさ、「レスカ・ヴィンテージ」

つづいてジョエルさんが案内してくれたのは、100年前からメガネを作り続け、現在は稼働していないレスカ家の古い工房。職人が手仕事でメガネを作っていた時代の工房には、メガネを研磨する機械やフレームを作る機械がヴィンテージのメガネをそのまま再現できるように残されている。屋根裏にはなんと、1930年代から1970年代までのヴィンテージメガネが数万点も眠る。

20世紀初頭からメガネの製造業を営むレスカ家では、2つのコレクションを展開。一つはジョエルさん自らがデザインする「レスカ・ルネティエ」。もう一つは今回、岡田さんが買いつけを考えている1950〜1970年代のヴィンテージメガネの「レスカ・ヴィンテージ」だ。

「ヴィンテージメガネは、なんといっても源流にある美しさみたいなものを持っている。それを今の時代に持ってきて、スタイルを作れるものを提供したいなと」

メガネの原点ともいえる、かつてこの地で作られたヴィンテージメガネ。なんとしても新店舗のアイテムに加えたい。しかしヴィンテージの買いつけは一筋縄ではいかず、現地に足を運んでも、めぼしいものが見つからないこともあるという。

「かなりの量があり、よいものが奥の奥にしまってある場合もあるので。何時間もかけてモノを見るのは、非常に根気のいる作業です。でも、大変だけれど楽しいんですよね」

ジョエル・レスカさん（右）と職人さん

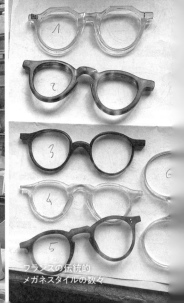

フランスの伝統的なメガネスタイルの数々

全神経を注ぎ、一人黙々と発掘作業を続けていた岡田さん、太いフレームが多いヴィンテージメガネの中から、珍しい細いフレームのメガネを掘り出した。

「これは色味、サイズ、デザイン、全部が非常にいいです。この色は、今のものにはない独特の色味。この色味でこの細さのタイプは初めて見ました。これは日本にぜひ紹介したいなと思いますね」

よみがえるオーラを感じるメガネ

しかし、このフレームだけでは商品にならない。伝統的なメガネ作りをする職人夫婦が、完成させるために特別に来てくれた。メガネフレームの生成には200以上の工程が必要だといわれる。フレームの型取りから金具の装着、そして、耳にかける部品の取り付け、心地よくかけられるよう、何度も削り調整を重ねる。フレームは何段階にも分けて丹念に研磨し、独特な光沢を出していく。最後は、昔ながらのやり方で、フレームを火であ

ぶり、耳にかける部分を手で曲げて完成。

「美しい。でき立てのほやほや。手に持ったときの感じも全然違います。これはメガネに詳しくない方が触っても、『なんか違うな』っていう、質感やオーラを感じていただけるかなと思います」

半世紀の時を経て、現代に届けられたジュラのヴィンテージメガネ。職人の魂が詰まった唯一無二のメガネを手に、思わず笑みがこぼれた。

もっとおしゃれに、もっと素敵に。人生を変えるメガネを探す旅はこれからも続く。

息の合った職人夫婦が
完成させてくれた

かけ心地も満点!

10代で海外の文化と
最先端ファッションを体感

小4からNYへ。ヒッピー文化の強烈な洗礼

　生まれは広島で、幼少期は父の転勤で松山（愛媛県）、神戸（兵庫県）、横浜（神奈川県）と移り住みました。横浜といっても、新横浜の駅前はまだ一面田んぼで、SLが走っていた時代。外遊びが好きで、カエルやザリガニを追い回す山猿みたいな子供でしたね（笑）。

　小学4年生のとき、父の転勤でニューヨークへ。アメリカはベトナム戦争の反戦一色で、ウッドストック・フェスティバルという反戦のロックコンサートが開かれた時期。マイケル・ジャクソンという自分と一つ違いの子がスターになって大活躍していることに驚いたり、ヒッピー文化に感化されたり、何もかもがカルチャーショックで。そういう中で、音楽やファッションというものを意識し始めました。

　学校は、土曜日に日本人学校へ行く以外は現地の小学校に通っていました。治安の悪い時代で、授業で小学生相手に、「コカインは、マリファナよりももっとダメ」とか教えるんですよ（笑）。今の安全なニューヨークからは考えられないですけど。耳で覚える英語もスラングばかりで、後で矯正するのが大変でしたね。

中1で帰国。"ファッションの
ど真ん中"で青春を過ごす

　中1で帰国後に住んだのは、港区青山。アイビーブームを巻き起こしたVAN全盛の時代で、その後には、BEAMS、SHIPSの1号店ができて、街中がファッションであふれかえっていました。中学、高校、そして欧米文化を専攻した大学時代も、アメリカ

ンファッションからヨーロッパのブランドまで、最先端のファッションを楽しむのが日常でした。

当然、ファッションには関心がありましたが、それはプライベートな趣味であって、仕事にしようとは思わなかったんです。というのも、うちの家系は政府系の機関に勤める父をはじめ、弁護士や大学教授など、堅い職業の人ばかり。仕事とは、そうした社会的責務を負う何かだと思い込んでいて、大学卒業後は都銀に就職しました。

メガネは顔の真ん中にきて
人の印象を左右する

しかし、銀行の社会的意義を観念的には理解していても、いざ仕事としてやってみると、毎日数字を追いかける業務がまったく性に合わず、1年もせずに辞めることに……。それでもファッションの世界に行くのは抵抗があり、「ファッションとそれ以外のことを掛け合わせた仕事で、自分なりに社会の役に立てないか?」と考え、思い浮かんだのがメガネだったんです。

メガネは、顔の真ん中にきて人の印象を左右する重要なアイテムで、ファッションの要素を入れられる可能性が高い。なのに、そうなっていないことがおかしい、とすら思いました。一方で、視力補正の優れた道具として、生活でハンディキャップを感じる方々のお役にも立てる。その二つの可能性に大きな魅力を感じ、業界大手の眼鏡販売会社に入社しました。

141

グローブスペックスを開き、メガネをアイウェアとして提案

デートの場所にしなきゃダメだ

その眼鏡販売会社では、伊勢丹と高島屋内のメガネ売り場を担当。メガネの「機能」や「快適さ」においては、みなさん非常に重点を置いて取り組んでおられましたが、メガネをファッションとしてとらえる意識は、当時、業界もユーザーの方々も限りなくゼロに近い状態。

お客さまが一様につまらなそうな顔で来店されるのを見て、「メガネ屋はデートで来てもらえる場所にならなきゃダメだ。大事な人と過ごす大事な時間だから、あのメガネ屋に行こう。そう思われる店にならなければ」と真剣に思いました。

でも、実現への道は果てしなく遠く感じ、「これはムリかな……」とあきらめかけた頃、ニューヨーク店に転勤になったんです。そこでアメリカのユーザーの方々を見て、メガネの未来に対する感触が一変しました。

たとえば老眼鏡をつくる際、日本では老眼であることを隠すためにレンズに色を入れる方も多かったんです。でもアメリカでは、おばあちゃんが真っ赤なハーフアイグラスを誇らしげにかけて、老眼鏡というアイテムはもとより、年を取ること自体を堂々と楽しんでいる。若い子たちがそれを見て、「おばあちゃん、カッコいい！」と羨ましがってるんです。

メガネは人を幸せにするアイテム

　メガネをかけることで、お客さまの表情が格段に明るくなるのを何度も見るうち、「メガネは人を幸せにするアイテムなんだ」と確信するようになりました。私もお客さまに満足していただきたくて、品揃えやディスプレイを徹底的に考え工夫した結果、売上も倍増しました。併せてオプティシャン（眼鏡士）としての技術も高めたかったので、制度の整ったアメリカで猛勉強して、米国オプティシャンの資格なども取得しました。

　しかし、再び日本に戻ると、メガネをファッションとして楽しむ方向に業界全体の意識を変えるのは難しいと感じ、他の業界に行くことも考えました。でも、ここでやめたら、せっかく身につけたオプティシャンの技能も生かせなくなる。もうちょっと頑張ってみようと思い、別の大手眼鏡販売会社に転職しました。

　そこでは、社長室長というポジションで、社長の代わりに契約や折衝などを担当しました。その最初のミッションが、デンマークのリンドバーグというブランドのメガネを軌道に乗せること。調べてみると、建築の巨匠アルネ・ヤコブセンの直系の弟子たちがつくっていることがわかり、コペンハーゲンの事務所に話を聞きに行ったんです。そこで彼らのデザインに込める熱い思いを聞き、私はデニッシュ（デンマーク）・デザインが大好きになって。

　その魅力をなんとか日本に伝えたくて、グッドデザイン賞に応募したら、なんと'92年度の大賞を受賞できたんです。BMWの3シリーズが部門賞だったので、それら大型の工業製品を抑えての大賞でした。このとき、高品質で機能的なモノとしてのメガネだけでなく、デンマークのデザイン文化の考え方や発想を伝えたら、審査委員長だった建築家の黒川紀章さんが、「その考えを聞いて、このメガネがいかに美しいデザインであるかがよくわかった」と言ってくださって。

考えを伝えるってすごく重要なんだなと思いましたし、機能とデザインという観点でメガネが評価されたことにも新たな可能性を感じました。

渋谷にグローブスペックス1号店をオープン

　その会社では、欧米各国を巡る中で出合った世界各都市の名店のネットワークづくりにも取り組みました。「ニューヨークはこの店」「パリならこの店」というふうに、"その街の一番店"をつなぎ、互いにお客さまのケアをする。そして、それぞれの店が持つ、その国ならではのモノづくりの良さを生かしたコレクションを融合し、インターナショナルなコレクションをつくるのが目的でした。

　しかし、ネットワークの完成間近に計画自体が立ち消えとなり、私は会社をスピンアウトする形で退社。そこで積ませてもらった多くの経験をもとに、1998年、渋谷にグローブスペックス1号店をオープンしました。

白鳥仮面！

世界で一番お客さまに喜ばれ、満足してもらえる店に

代官山店が2年連続で「世界一のメガネ店」に

「メガネという"アイウェア"を通して世界中の人や商品を結びつけ、お客さまに人生をより豊かに楽しんでいただきたい。そのお手伝いをするべく、この店を世界一のメガネ店にするんだ！」。そんな意気込みで、雑居ビルの3階で店をスタートしましたが、最初の1週間はお客さまが1人も来なくて……。でも、知り合いのライターさんが男性雑誌でメガネ特集を組んでくれたのを機に、メディアがこぞって取材に訪れ、1年半後には、「店の床が抜けるんじゃないか!?」と思うほど、連日お客さんが押し寄せるように。

入場制限をしないと奥のお客さまが外に出られない状態で、なんとかしなければと思い、2000年に代官山店（2号店）をオープンしました。メガネはモノを選んで調整し、お客さまが持ち帰るまでのコミュニケーションが長いので、その時間を過ごす空間づくりも非常に大事だと思うように。2号店からは、品揃えだけでなくインテリアにもこだわり、世界中からアンティークの家具や什器を集め、博物館的な楽しみ方もできる居心地のよい空間をつくっていきました。

仕入れも毎週、どんどん回転させながらやっていた2017年、イタリアのミド展の「Bestore Award」（世界一のメガネ店を選出する賞）で代官山店が、つづいて2018年に渋谷店が「Bestore Award」に選ばれ、2年連続世界一になったんです。グローブスペックスを始めたときに私が目指した「世界一」は、売り上げや店舗数じゃなく、「世界で一番お客さまに喜ばれ、満足してもらえる店」。Bestore Award では、まさにそうした基準で"世界一良い店"と評価していただけたので、感無量で、夢の達成に少し近づけた気がしました。

メガネが人生を楽しむ後押しを

2020年6月には、20年ぶりの新店舗、京都店がスタートしました。新型コロナウイルス流行の影響で、当初の予定から2カ月遅れのオープンでしたが、たいへん盛況で、入店を待つお客さまの行列が、2カ月ぐらい毎日できていました。品揃えや内装もこだわり抜いたので、みなさん用事がなくても、また、メガネをかける必要のない方もデートでいらっしゃいます（笑）。

けれど、検眼や調整という技術的なことも含め、私はメガネとそれを扱うことを仕事としてとても愛しています。それで人の悩みを解決したり、喜んでもらえることが好きなんでしょうね。長年のお付き合いのお客さまも多く、渋谷店のオープン当時、大学生だった方が、今40歳ぐらいになっていたり、30代だった方が老眼鏡をつくりにいらしたり。

ニューヨーク勤務時代から変わらず、目標はお客さまがメガネを楽しみ、その人生を楽しめる後押しをメガネができること。そのお手伝いがもっともっとできるよう、世界中から可能性を拾い集め、新しい切り口を探っていきたいと思います。

バイヤー旅についての10の質問

❶ 初めて仕事で行ったのはいくつの時、どこでしたか？

26歳の時（1986年）、大手眼鏡販売会社のニューヨーク店への転勤。バイングの活動もしていました。バイヤーとしての買いつけでは、29歳のときにミラノのミド展に行ったのが初めてのヨーロッパです。

❷ 仕事では年にどのくらいの頻度でどんなところに行きますか？

年に5回から8回、ヨーロッパや、アメリカを回ることが多いです。ヨーロッパへ行くと、パリやミラノなど1都市だけではなく、北欧へ行ったり、いろんなところに足を伸ばします。

❸ 旅に必ず持っていくものは何ですか？

メガネを10本弱は持っていきます。デザイナーの方と会う際、礼儀として極力そのブランドのメガネをかけたいので。荷物を少しでも軽量化したいのでコンパクトなエコバッグ。

❹ 準備で欠かせないことは何ですか？

いつでも海外へ出られるように、ヨーロッパセット、アメリカセットと2つスーツケースを用意してあります。それと機内持ち込み用のカバンに、基本的なものをすべて入れているので出発前に準備はしません。

❺ 現地について一番最初にすることは何ですか？

初日の食事は自分の行きたいところに行って、好きなものを食べます。2日目以降は、いろんな方とのおつきあいがあるので。パリのタルトタタン、ミラノのパスタ屋、ニューヨークはステーキハウス、ジャンクな店でフライドクラム（揚げたハマグリ）。

❻ もっとも過酷だったバイヤー旅のエピソードを一つ、教えてください。

社長室長時代に、デンマークのブランドのコピー商品の裁判の担当になったんです。争う根拠として、損失を被った事実を立証する際、代理店契約を結んでいることが必須でしたが、実は肝心の代理店契約がずっとやむやで。社長の代わりに一人でデンマークに赴き、代理店契約をまとめてくるという気の重い旅。現地に着くなり私がすごい剣幕でまくしたてたら、「わかりました」とサインしてくれて。当時はまだ若かったから、過酷に感じたのかもしれないです。

❼ もっとも幸福だったバイヤー旅のエピソードを一つ、教えてください。

2017、2018年のミド展のBestore Awardで、2年連続アワードをいただいたときのミラノ出張（授賞式）です。海外で世界中の人に認められたというのは、すごく幸せだなと思いましたね。

❽ 外国で仕事をするのに大事なことは何ですか？

平凡なんですけど、「率直さと誠意」です。外国人のお客さまに対しても、海外との折衝においても、日本人にありがちな曖昧さは誤解を生むことも多いですし、海外との文化の違いなども考えると、誠意と礼節さえ欠かなければ、大事なのは率直さ以外にないように思います。

❾ 今すぐにでも行ってみたいところはどこですか？

ニューヨークとその近郊。自分の第二のホームグラウンドみたいな気持ちがあるし、知り合いも多い。セリマも含めて、いろんな友人に会いたいです。

❿ 駆け出しのころの自分に言ってあげたいことがありますか？

駆け出しのころの私は、空気を読まずにいろんなことを言ったりやったりして、「俺はこんなんで大丈夫なのか？」と不安になったことも。今思うと、「それで大丈夫だから頑張れよ。信じた道をいけばいいよ」と言いたいですね。

岡田哲哉 *Tetsuya Okada*

1959年、広島生まれ。小中学校はけNYで過ごす。新卒で都銀に勤めた後、大手メガネ販売会社を経て、1998年に東京・渋谷にグローブスペックスをオープン。2017年から2年続けてイタリア「MIDO」展で「BESTORE AWARD」を受賞。世界一の眼鏡店に選ばれる。

写真協力：グローブスペックス（GLOBE SPECS）　　photo：広川智基　　text：浜野雪江

REFERENCE LIST 『世界はもっと！ほしいモノにあふれてる2』関連SNS・サイト

林 周作さんと行く イギリス
そこにしかない郷土菓子を探す旅

The Bakewell Tart Shop
https://www.instagram.com/bakewelltartshop/

The Old Original Bakewell Pudding shop
https://www.instagram.com/realbakewellpud/

Roath Riverside Market
https://www.instagram.com/riversiderealfood/

Miles Better Baking
https://www.facebook.com/Miles-Better-
Baking-1047295605305654/

Fisher & Donaldson
https://www.instagram.com/fisheranddonaldson/

The Barony Bar
https://www.instagram.com/thebarony/

Bettys
https://www.instagram.com/Bettys/

郷土菓子研究社
https://www.kyodogashi-kenkyusha.com
https://www.instagram.com/kyodogashi_pr/

参考：
https://www.visitbritain.com/jp/ja
https://www.mofa.go.jp/mofaj/area/uk/index.html
『地球の歩き方 イギリス 2019～2020』

小坂直子さんと行く パリ・ベツレヘム
"小さな宝物"ボタンを探す旅

Puces de Vanves 蚤の市
https://www.instagram.com/marcheauxpucesdevanves/

HE! COLLECTIONS
https://www.instagram.com/monsieurboutons/

Buttons Paradise
https://www.instagram.com/buttonsparadiseparis/

Loïc Allio
https://buttonodyssey.com

ボタンの博物館
http://www.iris.co.jp/muse/index.html

PALAIS GALLIERA MUSÉE DE LA MODE DE LA VILLE DE PARIS
https://www.instagram.com/palais_galliera/

Church of the Nativity
https://www.bethlehem-city.org/en/churchofthenativity

CO-
https://shop.co-ws.com
https://www.instagram.com/co_shop/

参考：
https://www.bethlehem-city.org/en
http://www.palst-jp.com/jp/jp_tt_ptv_03.html
https://www.mofa.go.jp/mofaj/area/plo/index.html

平井千里馬さんと行く フィンランド
お気に入りの北欧食器を探す旅

Hietalahden Kirpputori
https://www.hietalahdenkauppahalli.fi/en/

Bisarri
https://www.instagram.com/bisarri.fi/

ARABIA
https://www.instagram.com/arabiaofficial/

iittala
https://www.instagram.com/iittala/

My Suomi
https://www.instagram.com/mysuomi/

Arabia Art Department Society
https://www.instagram.com/arabiaartdepartment/

Heini Riitahuhta
https://www.instagram.com/heiniriitahuhta/

Hakaniemen Tori
https://www.hel.fi/helsinki/fi/

artek
https://www.instagram.com/artekglobal/

東屋
https://www.azmaya.co.jp

scope
https://www.scope.ne.jp
https://www.instagram.com/scope_japan/

参考：
https://www.visitfinland.com/ja/
https://www.mofa.go.jp/mofaj/area/finland/index.html
『ことりっぷ co-Trip 海外版 北欧』

マロッタ忍さんと行く 香港・オーストラリア
世界に一つの宝石を探す旅

ラミントン国立公園
https://parks.des.qld.gov.au/parks/lamington

Kalmar Antiques
https://www.instagram.com/kalmarantiques/

Lightningridge opal festival
https://lightningridgeopalfestival.com.au

talkative
http://www.talkative-jwl.jp
https://www.instagram.com/talkative_marotta/

参考：
https://www.discoverhongkong.com/eng/hktb/about.html
https://www.mofa.go.jp/mofaj/area/hongkong/index.html
https://www.australia.go.ja-jp
https://www.mofa.go.jp/mofaj/area/australia/index.html

石田敦子さんと行く ピエモンテ 最高コスパワインを探す旅

Saracco
https://paolosaracco.it

Massolino
http://www.massolino.it/en/

Purunotto
https://www.prunotto.it/it/

Antica Corona Reale
https://www.anticacoronareale.it

Cavallotto
https://www.cavallotto.com

IL CENTRO DI PRIOCCA
https://www.ristoranteilcentro.com

Bricco Ernesto
https://www.chambersstwines.com/Articles/12629/bricco-ernesto

Rinaldi
https://rinaldigiuseppe.com

GAJA
http://gaja.com

Trattoria Antica Torre
http://www.enotecadelbarbaresco.com/trattoria-antica-torre/

University of Bordeaux
https://www.u-bordeaux.com

ENOTECA
https://www.enoteca.co.jp
https://twitter.com/enoteca_online
https://www.instagram.com/enoteca_wine/

参考:
https://visitaly.jp/region/piemonte/
https://www.mofa.go.jp/mofaj/area/italy/index.html
「ピエモンテ・ワインブック」

岡田哲哉さんと行く フランス パリ・ジュラ 人生が変わるメガネを探す旅

SILMO Paris
https://en.silmoparis.com

MIDO
https://www.mido.com/en/

tarian
https://www.instagram.com/tarian.paris/

MICHEL HENAU
https://www.instagram.com/henau_eyewear/

Anne et Valentin
https://www.instagram.com/anneetvalentin/

LINDBERG
https://www.instagram.com/lindbergeyewear/

AHLEM
https://www.instagram.com/ahlem/

ROBERT MARC NYC
https://www.instagram.com/robertmarcnyc/

Lunor
https://www.instagram.com/lunorag/

Selima Optique
https://www.instagram.com/selimaoptique/

Pour Vos Beaux Yeux
http://www.pourvosbeauxyeux.com

Merci
https://www.instagram.com/merciparis/

Lesca Lunetier
https://www.instagram.com/lescalunetier/

GLOBE SPECS
http://www.globespecs.co.jp
https://www.instagram.com/globespecs_official/

参考:
https://natgeo.nikkeibp.co.jp/atcl/
news/19/122600762/
https://www.mofa.go.jp/mofaj/area/france/index.html
『ことりっぷ co-Trip 海外版 パリ』

・ ・ ・ ・ ・ ・ ・ ・ ・ ・

外務省 国・地域
https://www.mofa.go.jp/mofaj/area/index.html

外務省 海外安全情報
https://www.anzen.mofa.go.jp/index.html

厚生労働省検疫所「FORTH」
https://www.forth.go.jp/index.html

・ ・ ・ ・ ・ ・ ・ ・ ・ ・

番組公式サイト

世界はほしいモノにあふれてる
https://www.nhk.jp/p/sekahoshi/
https://twitter.com/nhk_sekahoshi/
https://www.instagram.com/nhk_sekahoshi/

2018.04.12	チョコっとご褒美スイーツ　ドイツ&ポルトガル
2018.04.19	女性が心躍らせる服　ニューヨーク
2018.04.26	極上！オーガニックコスメ　パリ&リトアニア&エストニア
2018.05.10	北欧ビンテージ家具　スウェーデン
2018.05.17	心ときめくキッチングッズ　ドイツ&イタリア
2018.05.24	一番新しいハワイ　グルメ&スイーツ&ファッション
2018.05.31	そこにしかない郷土菓子　イギリス
2018.06.14	カラフル！名もなき幻のバラ　ロンドン&ケニア
2018.06.21	極上のイタリアグルメを巡る旅
2018.07.05	マルタで素敵を探す旅　アクセサリー&レース
2018.07.12	旅から生まれるスープ　ポルトガル
2018.07.19	イタリア縦断！カッコかわいい文房具
2018.07.26	激うま&激レア！極上オーガニックチョコ　オーストラリア
2018.08.30	お気に入りをGET！北欧食器　フィンランド
2018.09.13	幸せ！ベーカリー巡り　北欧デンマーク
2018.09.17	三浦春馬とJUJUが旅に出る！70分拡大夏SP
2018.09.20	パリで幻のビーズを探す旅
2018.09.27	エレガント！運命の靴を探す旅　ミラノ&パリ
2018.10.04	秋SP！旅から生まれる極上スイーツ　フランス&イタリア
2018.10.11	美食の国で"極上の肉"を探す旅　フランス
2018.10.18	NY発！カラフル&ポップな雑貨を探す旅　アメリカ
2018.10.25	極上の美食ベトナミーズを探す旅
2018.11.01	日本未上陸！かわいい！ベビーグッズ　フランス
2018.11.08	レトロかわいい！ビンテージ絵本を探す旅　チェコ
2018.11.15	癒やしの一枚！テキスタイルを探す旅　メキシコ
2018.11.22	最新！極上のグルメバーガーを探す旅　ロサンゼルス
2018.11.29	フランス！遊び心あふれるインテリア雑貨
2018.12.06	究極の美味を探す旅　スペイン・バスク地方
2018.12.13	春夏コーデはハイファッションで攻める　ソウル
2018.12.27	冬SP 魅惑のモロッコ雑貨！
2019.01.10	ニュージーランドで"本物のキレイ"を探す旅
2019.01.17	大人かわいいスニーカーを探す旅　ロサンゼルス
2019.01.24	心ときめく極上ビールを探す旅　ベルギー
2019.02.07	カラフル！五感で楽しむオーガニックフード　タイ
2019.02.14	バレンタインSP 世界一周チョコの旅
2019.02.28	世界が注目！極上のメキシコグルメを探す旅
2019.03.07	世界に一つだけの宝石を探す旅　タイ
2019.03.14	「物語」のあるアンティークを探す旅　フランス
2019.04.04	生放送！春SP三浦春馬とJUJUが旅に出る！　パリ・ロンドン
2019.04.11	極上ティータイムを巡る旅　デンマーク&フランス
2019.04.18	心地よい暮らし 北欧照明を探す旅　デンマーク
2019.04.25	JUJUが行く！究極のパスタを探す旅　イタリア・シチリア
2019.05.09	コスパ最高 絶品ワインを探す旅　イタリア　ピエモンテ
2019.05.16	世界一周！幸せスイーツ
2019.05.23	アメリカンビンテージ家具を探す旅　ロサンゼルス
2019.06.06	チーズ&ヨーグルト 極上の食材を探す旅　ギリシャ
2019.06.13	心動く絵本を探す旅　イタリア・ボローニャ
2019.06.20	フランス癒やしの花の世界　最高のブーケを探す旅
2019.06.27	人生を彩るウェディングドレス　ニューヨーク
2019.07.25	ユニーク！幻の花を探す旅　オランダ&南アフリカ
2019.08.01	魅惑のティーワールド！"世界最高"の茶葉を探す旅　上海
2019.08.22	フランス縦断！極上チョコレート SP
2019.08.29	台湾 幸せドリンクのヒントを探して
2019.09.05	最新北欧インテリアを探す旅　デンマーク
2019.09.12	女性が輝く！"新エクササイズ"を探す旅　ニューヨーク
2019.09.19	シアワセ運ぶアウトドア家具を探す旅　ベルギー

STAFF LIST

<TVスタッフ>

MC 鈴木亮平 JUJU
三浦春馬（初代）

ナレーター 神尾晋一郎（81プロデュース）

制作統括 豊田研吾 百崎雅子 柳迫有

プロデューサー 大福由喜

ディレクター そこにしかない郷土菓子 イギリス　　　　　　　　赤坂恵美子
お気に入りをGET! 北欧食器 フィンランド　　　　　井川陽子
コスパ最高 絶品ワインを探す旅 イタリア ピエモンテ　中井大紀
世界にひとつの宝石を探す旅 香港＆オーストラリア　長谷川あや
人生が変わるメガネを探す旅 フランス　　　　　　　田波悠至
"小さな宝物"ボタンを探す旅 パリ・ベツレヘム　　　滝川一雅

制作スタッフ 高野文子 岡本絵理

制作協力 株式会社 ぷろぺら
株式会社 アックス
株式会社 クレイジー・ティブィ

制作・著作 NHK

おわりに

　海外の美しい風景に癒やされ、その国民性に惹かれ、彼の地の暮らしに恋い
焦がれ、その幸せのレシピにため息……"せかほし"に携わるようになってから
そんなことばかりでしたが、それは同時に日本の文化やモノの素晴らしさを改め
て実感する良い機会でもありました。

　2020年——。

　新型コロナウイルスの猛威に覆われたこの1年は、生涯忘れられない年になり
ました。海外渡航は容易ではなくなり、取材は頓挫。社会には『ソーシャルディス
タンス』という新しいルールが生まれました。人と人が共に過ごすことも、触れ合
うことも出来ない息詰まる日々。生活や価値観も、大きく変わってしまいました。

　ステイホーム期間中に注目が集まったのは、たっぷりあるおうち時間をいかに
充実させるかということ。

　家の中でヨガやトランポリンをしたり、本格的な料理やＤＩＹに取り組んだ
り……。これまでの忙しかった毎日では出来なかった、静かで贅沢な時間の使
い方。ステキな時間を演出してくれた"モノ"の中には、もしかして、どこかの国の
作り手のアイディアから生まれた"モノ"があったかもしれませんね。そんな新
しい暮らしの在り方に、番組がこれまで紹介してきた世界各国の幸せのレシピ
が、少しでも役立っていたら幸いです。

　広く美しい地球には、まだ見ぬ世界が広がっています。旅は始まったばかり。
これからも一緒に世界を巡り、素敵なモノを探していきましょう!!

　この本を手に取ってくださった皆様、いつも温かいコメントで番組を盛り上げて
くださるMCの鈴木亮平さんとＪＵＪＵさん、そして2年半番組を支えてくださった
三浦春馬さんにありったけの感謝をこめて。

　　　　ＮＨＫ　制作局　第2制作ユニット
　　　　「世界はほしいモノにあふれてる」チーフ・プロデューサー

　　　　　　　　　　　　　　　　　　　　　　　柳迫 有

世界はもっと！ほしいモノにあふれてる2
～バイヤーが教える極上の旅～

監修・協力　NHK「世界はほしいモノにあふれてる」制作班

企画・編集　松山加珠子

装丁・デザイン　冨永浩一（ROBOT）

撮影　広川智基（バイヤー＝林 周作 小坂直子 マロッタ忍 石田敦子 岡田哲哉）

取材・文　大城譲司 浜野雪江 magbug

校正　牧野昭仁

2021年3月3日　初版発行
2024年1月25日　6 刷発行

発行者　山下直久

編集　小川純子（文化・スポーツ出版部）

営業企画局　谷 健一

生産管理局　小野慧子

発行　株式会社 KADOKAWA
〒102-8177 東京都千代田区富士見 2-13-3
電話 0570-002-301（ナビダイヤル）

印刷・製本　大日本印刷株式会社

●お問い合わせ
https://www.kadokawa.co.jp/
（「お問い合わせ」へお進みください）
※内容によっては、お答えできない場合があります。
※サポートは日本国内のみとさせていただきます。
※Japanese text only